W0451731

Vive la

FRANCE

Maria Buchheim (Hg.)

Vive la FRANCE

Mit 41 Rezepten,
exklusiv fotografiert von
Hans Joachim Döbbelin

SIGLOCH EDITION

LE LOUVRE
BRASSERIE RESTAUR

Inhalt

In den Restaurants der Hauptstadt wird für den Gourmet jede erdenkliche Delikatesse nicht nur köstlich zubereitet, sondern auch gekonnt kredenzt.

Frankreich mit Leib und Seele

Nicht immer wird dem Gast in Frankreich die Ehre zuteil, von der Dame des Hauses selbst bekocht zu werden. Man geht - und das nicht nur mit Gästen - gern ins Restaurant und lässt sich das auch einiges kosten.

Die französische Küche hat viele Gesichter. Eines davon ist das der raffinierten Speisen berühmter Köche von Carême bis Bocuse, die weltweit zum Vorbild wurden. Echter und ursprünglicher als die kulinarischen Höhenflüge der Spitzenrestaurants und Starköche ist aber die Küche der Regionen, der Bistros, des Alltags und der Feste in den Familien. Auch in ihr findet man die ganze leidenschaftliche Liebe, die die Franzosen seit jeher zum Essen haben. Und diese Küche wird immer beliebter, ja sogar salonfähig. So sind Können, neue Ideen neben viel Respekt vor den kulinarischen Traditionen zusammen mit dem, was vorzugsweise vor der Haustür wächst, die wichtigsten Ingredienzien der heutigen französischen Küche: *Savoir vivre* für Feinschmecker.

Um die Eigenheiten der verschiedenen Regionen gebührend zu würdigen, bietet sich eine kleine Rundreise durch das Land an. Dass wir bei der Auswahl der Rezepte den Verführungen des Südens etwas zu sehr erlegen sind, mag der Kenner und Genießer verstehen - und uns nachsehen.

Wie man isst und trinkt

Essenszeiten sind in Frankreich noch heilig. Nach einem eher dürftigen Frühstück, dem *petit déjeuner*, mit einem *café au lait* und dem obligatorischen Croissant - möglicherweise noch halb im Laufschritt in der Bar an der Ecke eingenommen - hat der Franzose gegen Mittag einen gewaltigen Hunger, der nur mit einem Menü nicht unter drei Gängen besänftigt wer-

den kann: *hors-d'œuvre* und *entrée,* also Vorspeise, Hauptspeise und Dessert. Darauf muss im hektischen Geschäftsalltag wie überall natürlich auch hie und da einmal verzichtet werden. Dann begnügt man sich mit einem *casse-croûte,* einem Snack. Andererseits kann das *déjeuner,* die Mittagsmahlzeit, zumal mit Geschäftsfreunden, auch noch um eine stattliche Anzahl weiterer Gänge aufgestockt werden. Dann wird zwischen Vorspeise und Hauptgang mit Fleisch noch ein kleines Fischgericht, Salat oder Gemüse geschoben und vor dem Dessert eine reichhaltige Auswahl an herzhaftem Käse gereicht. Für festliche Gelegenheiten wird das Ganze noch beliebig erweitert. In jedem Fall ist es gut, wenn man sich im Voraus über die Speisenfolge informiert, um nicht mitten im Menü die Segel streichen zu müssen.

Kaffee und Kuchen am Nachmittag kennt man in Frankreich nicht. Eine zarte, meist mit Obst belegte *tarte* und ein kleiner, aber kräftiger *café noir* sind bereits Bestandteil des mittäglichen Menüs, das am Sonntag aber garantiert bis in die Kaffeezeit andauert. Nur Kinder bekommen am Nachmittag eine kleine Zwischenmahlzeit mit Kakao und Keksen: *le goûter.* Zum guten Schluss wird noch ein *digestif* gereicht. Das kann je nach Region oder Geschmack Armagnac, Cognac, Calvados oder auch ein klarer Obstbrand sein.
Am Abend gibt es die zweite warme Mahlzeit des Tages, das *dîner,* das je nach Anlass und Bedarf recht unterschiedlich ausfallen kann. Wasser, Wein und frisches Brot gibt es mittags wie abends in jedem Fall dazu. Und: man nimmt sich dafür genügend Zeit.

Das Leben findet, zumal im Süden, zum großen Teil draußen statt; hier vor der prächtigen Kulisse des Papstpalastes in Avignon.

Die Regionen

Die ursprüngliche französische Küche ist eine Küche der Regionen. Einige typische Spezialitäten wollen wir hier als kleine Kostproben kurz vorstellen.

Ile-de-France und Champagne

Die liebliche Landschaft rund um die große Hauptstadt war früher eines der Hauptanbaugebiete von feinem Frühgemüse, den *primeurs.* Deshalb werden noch heute Namen von Pariser Vororten mit bestimmten Gemüsen verbunden: Clamart etwa mit feinen grünen Erbsen oder Argenteuil mit Spargel.
Die eigentliche Pariser Küche ist die der Meisterköche, die schon immer aus ganz Frankreich kamen, um sich hier zu bewähren oder gar einen großen Namen zu machen. So wurden viele berühmte Gerichte in Pariser Küchen erfunden. Dazu gehören zahlreiche Saucen, der *bœuf à la mode,* aber auch die einfache *soupe à l'oignon,* ein typisches Bistrogericht, das ehemals Nachtschwärmern wie Marktbeschickern rund um die alten *halles* frühmorgens auf die Beine half. Empfehlenswert sind auch die Kreationen der Pariser Bäcker, die man allerdings inzwischen in ganz Frankreich findet. Allen voran *baguettes* und *brioches,* aber auch *choux à la crème,* kleine Windbeutelchen, gefüllt mit Sahne, und anderes Feingebäck.
Die Champagne ist landschaftlich wie kulinarisch eher unspektakulär, sieht man einmal ab von imposanten Kathedralen wie der in Reims und dem in aller Welt genossenen und geliebten Champagner. Als

hätte dieser schon allen Glanz auf sich gezogen, geht es auf den Speisezetteln eher ländlich solide zu. Es gibt Wurstspezialitäten wie *boudin* oder *andouillette* und den luftgetrockneten Ardenner Schinken sowie Wild- und Wildgeflügel und frischen Fisch aus Flüssen und Seen.

Elsass-Lothringen

Die Spezialitäten des grenznahen Elsass sind jedem auch nur halbwegs frankophilen Feinschmecker ein Begriff: *choucroute garnie,* üppig mit allerlei Fleisch und Wür-

sten angereichertes Sauerkraut, *baeckeofe*, der reichhaltige Eintopf, der früher am Waschtag in den dörflichen Brotbacköfen gegart wurde, oder auch Flamm- und Zwiebelkuchen, die ebenso einfachen wie delikaten Begleiter eines guten Elsässer Weißweins. Zum Wein wird mitunter auch Guglhupf gereicht, ein weiterer Botschafter des elsässischen Sinns für alles, was gut ist.
Lothringen ist die Heimat der wiederum weltberühmten *quiche lorraine*, bei der man mit Speck, Eiern und Sahne nicht knickern darf. Um die Mahlzeit schön abzurunden genieße man noch ein Stück herzhaften Münsterkäse und genehmige sich ein hochprozentiges einheimisches Fruchtwasser: Ob Kirsch, Pflaume, Mirabelle, Birne, Apfel oder Aprikose ist eigentlich egal, sie sind alle die kleine Sünde wert.

Burgund und Lyonnais

Wer hier nicht hemmungslos ins Schwelgen gerät, dem ist nicht zu helfen: Das Burgund ist unbestritten

Blühende Lavendelfelder wie diese bei St. Christol sind ein Markenzeichen der Provence.

das Mekka der Schlemmer und natürlich kommen auch Weinfreunde hier voll auf ihre Kosten. Rote wie weiße Kreszenzen von der Côte de Beaune, Côte Chalonnaise und Côte de Nuits lassen die Herzen höher schlagen Mit Wein wird auch fleißig gekocht: *bœuf bourguignon* und *coq au vin* sind nur die prominentesten Beispiele dafür. Man verfügt aber auch über ausgezeichnete Produkte: exquisites Geflügel aus der Bresse, Schnecken aus den allgegenwärtigen Weinbergen oder der mildkörnig bis scharfwürzige Senf aus Dijon. Nicht zu vergessen der Marc de Bourgogne, ein Tresterschnaps, und Crème de Cassis, ein Johannisbeerlikör ebenfalls aus Dijon, der zusammen mit trockenem Bourgogne Aligoté den berühmten Kir ergibt.
Aus dem Lyonnais kommen die hochgeschätzten weißen Charolais-Rinder, die mageres, schmackhaftes Fleisch liefern. Hier ist aber auch die Heimat des Beaujolais, der vor allem als nur 6 Wochen alter *primeur* ungeheure Popularität erlangt hat. Der Name Lyon steht für viele Wurstspezialitäten und köstliche Zwiebelgerichte.

An den Küsten der Bretagne ist das Leben vom Meer und alten Traditionen geprägt.

Franche-Comté, Savoyen und Dauphiné

Die Alpengebiete zeichnen sich besonders durch hervorragende Milchprodukte aus, denn in den bergigen Regionen wird natürlich intensive Weidewirtschaft betrieben. Dazu gehören Käse wie der Tomme de Savoie oder der bekannte Reblochon. Aber auch der Weinbau spielt eine Rolle im französischen Jura, dasselbe gilt für Savoyen. Aus der Dauphiné stammt das *gratin dauphinois*, ein ebenso einfaches wie delikates Kartoffelgericht aus dem Ofen, das man anderswo unter diesem Namen immer wieder in abenteuerlich verfälschten Varianten antrifft. Ein weiteres typisches Produkt des Landes ist der Clairette de Die, ein Schaumwein, der nachweislich schon viele Jahrhunderte vor dem Champagner angenehm über Zunge und Gaumen perlte. Wer's gern süß mag, muss sich in Voiron und Montélimar mit Nougat eindecken, eine farbenprächtige Schleckerei aus Honig, Eiweiß und Zucker, vermengt mit Mandeln, Pistazien und Trockenfrüchten.

Provence, Languedoc-Roussillon und Korsika

Die provenzalische Küche riecht nach Kräutern und Meer. Alles ist hier reichlich vorhanden: alle nur erdenklichen Gemüse, hervorragendes Olivenöl, herrlicher Knoblauch, saftige Früchte und Sonne gratis, so viel man mag.

In Nizza probiere man unbedingt einen echten *salade niçoise* und das einheimische *ratatouille.* In der Haute-Provence bekommt man mit etwas Glück die üppige *grand aïoli,* eine riesige Platte mit vielerlei Fisch- und Gemüsesorten, serviert mit Knoblauchsauce. Die bekannteste Spezialität des Languedoc ist ein Eintopf mit Speck, Wurst, Lammfleisch, Kräutern und weißen Bohnen: das *cassoulet.*
Der Ort Roquefort in den Cevennen ist die Heimat des gleichnamigen graugrün geäderten Edelschimmel-Käses, der mit einem einfachen Stück Brot ebenso köstlich schmeckt wie in Fleisch- oder Eiergerichten. Auch Korsika bietet manche herzhafte Käsespezialität. Weiterhin gehören Kastanien und Schweinefleisch, Kräuter, Honig und Tomaten zu den typischen Produkten der Insel – und natürlich Fisch.

Gascogne, Baskenland und Bordelais

D'Artagnan und Armagnac sind beide überaus feurige Botschafter der Gascogne. Letzterer eignet sich nicht nur als Digestif. Der edle Weinbrand, der mindestens zehn Jahre im Fass gereift ist, bevor man ihn in Flaschen abfüllt, wird auch in der Küche gern verwendet. In den Wäldern wachsen massenhaft Steinpilze, die sich in vielerlei Wildgerichten wiederfinden.
Das Baskenland wartet mit herrlichem Bayonner Schinken auf – und Bayonne gilt auch als die Wiege der französischen Schokolade. Außerdem muss man hier ein würziges Seefischragout mit dem seltsamen Namen *ttorro* probieren. Bordeaux ist ein weiteres Synonym für große Weine. Wir bleiben aber bei den habhaften Sachen, bei den vielen herzhaften Gerichten *à la*

Der Ruhm der Loire-Schlösser reicht fast so weit wie der des französischen Weins.

Viel herbe Naturschönheit bieten die Pyrenäen.

bordelaise mit Wein und Steinpilzen, bei den Austern von Arcachon und den *coquilles Saint-Jacques à la bordelaise*, die jedoch mit Cognac verfeinert werden.

Périgord, Auvergne und das Limousin

Von November bis März ist im Périgord Schwarze-Trüffel-Saison. Man muss aber, will man sie tief unten zwischen den Wurzeln von Kastanien und Eichen finden, schon eine speziell abgerichtete, hungrige Sau oder wenigstens einen Hund bei sich haben, der sie erschnüffeln kann. Oder man kauft sie für mehrere Tausend Mark das Kilo auf dem Markt, viel braucht man eh' nicht: Schon ein Hauch davon verleiht Eier- und Fleischgerichten oder auch Saucen ein unvergleichliches Aroma. Die Region ist auch die Heimat vieler glücklicher Enten, Gänse und anderem Federvieh. So sind die *confits* eine weitere Spezialität, in denen gebratene Geflügelteile im eigenen Fett konserviert werden.
In den beiden Regionen des Zentralmassivs, der Auvergne und dem daran angrenzenden Limousin entspringen viele bekannte Flüsse, gibt es Seen und große Weideflächen. So sind hier einige hervorragende Käsesorten zu Hause: der Bleu d'Auvergne, der Fourme d'Ambert und der Cantal, der als einer der ältesten Käse Frankreichs gilt. Das Limousin ist auch noch für seine gleichnamige Rinderrasse bekannt. Die Tiere werden das ganze Jahr über im Freien gehalten und liefern besonders zartes Fleisch.

Charente, das Loiretal und Orléanais

Die drei ehemaligen Provinzen Aunis, Angoumois und Saintonge,

die ungefähr dem heutigen Departement Charente entsprechen, bieten dem Feinschmecker sowohl die Genüsse des Meeres, also Austern, Muscheln und Fisch, als auch erstklassige Milchprodukte aus dem Landesinnern. Beides vereint findet sich in einer echten *mouclade*, Miesmuscheln in Sahnesauce. Das berühmteste Produkt der Region ist aber der Cognac. Wer weniger Hochprozentiges vorzieht, sollte einmal den Pineau des Charentes kosten. Das ist ein Likörwein, der aus dem unvergorenen Traubenmost und mindestens einem Jahr altem Cognac hergestellt und als Aperitif genossen wird.
Als der „Garten Frankreichs" wird oft das Loiretal bezeichnet. Kein Wunder, denn hier gibt es alles in Hülle und Fülle: knackiges Obst, zartes Gemüse, Fisch und Wild, und unter der Erde werden in weit verzweigten Tuffsteinhöhlen auch noch Champignons gezüchtet. Eine Spezialität der Gegend sind die *rillettes*, ein Brotaufstrich aus fein gewürztem Schweine- und Gänsefleisch. Auch Schaumwein wird im Loiretal produziert, Crémant de la Loire heißt er, denn die Bezeichnung Champagner ist den perlenden Weinen aus der Champagne vorbehalten. In Orléans wird aus Rotwein exzellenter Weinessig gemacht.

Bretagne und Normandie und der Norden mit Flandern, Artois und Picardie

Freilich ist die Küche der nördlichen Küstenregionen vom Meer geprägt, hier gedeiht aber auch prächtiges Getreide, Obst und Gemüse. Geradezu berühmt sind die großen, grünen Artischocken aus der Bretagne und natürlich die normannischen Äpfel, beziehungsweise das, was man daraus macht: spritzigen Cidre, vollmundigen Calvados, die in vielen einheimischen Gerichten Fisch oder Fleisch eine sanfte Würze geben. Sind als besondere Spezialität der Bretagne noch die leckerern süßen und pikanten Crêpes und *galettes* unbedingt zu erwähnen, so dürfen wir auch den normannischen Camembert nicht übergehen, um dessen Erfindung sich zahlreiche Legenden ranken.
Der äußerste Norden Frankreichs ist Bierland. Der zumeist kräftig gebraute Gerstensaft wird allerorts feste getrunken, taugt aber auch zum Kochen, zum Beispiel für einen *coq à la bière*. Ein weiteres Produkt des Nordens ist der Chicorée, den man dort *endives* nennt.

Für einen kurzen Wortwechsel auf der Straße ist immer Zeit.

Genießen à la française

Eine Runde Pastis im Bistro – und man ist gut eingestimmt auf ein reichhaltiges Menü.

Baguette – sollte man aus dem großen Angebot an französischen Spezialitäten das Typischte nennen, käme man bestimmt auf die Baguette, obwohl Käse und Wein, Pasteten und Ragouts genauso charakteristisch sind und viel mehr Geschmack und Raffinesse besitzen. Das liegt vielleicht auch daran, dass das Stangenweißbrot allerorts auch das Straßenbild prägt. Natürlich gibt es auch anders geformtes und sogar dunkles Brot, *pain complet* oder *pain de seigle*, es ist aber keine ernsthafte Konkurrenz für die goldbraunen *ficelles, flûtes* – und *baguettes.*

Croissants aus Blätterteig mit viel Butter sind wie das *petit pain au chocolat* oder eine kleine *brioche* beliebte Begleiter des morgendlichen *café au lait,* der in der Familie aus dem charakeristischen *bol* getrunken wird und mit dem man sich für den Tag stärkt.

Crêpes begannen ihre Karriere als Dessert. Inzwischen isst man sie zu jeder Tages- und Nachtzeit. In der Bretagne ist die pikante Variante aus Buchweizenmehl, die *galettes,* eine beliebte kleine Mahlzeit. Es ist eine hohe Kunst, sie hauchdünn auszubacken. Man braucht dazu das richtige Rezept, eine geeignete Pfanne und möglichst ein Rakel zum schnellen und gleichmäßigen Verteilen des Teigs.

Bistros bieten neben allen erdenklichen kalten und warmen, hochprozentigen oder erfrischenden Getränken oftmals auch kleine Gerichte, die genauso gekonnt zubereitet sind wie die großen Menüs in den Restaurants, aber ungezwungener genossen werden können.

Pastis, das ist Anisschnaps und eiskaltes Wasser, darf wohl als der beliebteste französische Aperitif gelten. Empfehlenswert sind auch **Kir** und **Kir royal**: etwas Crème de Cassis, ein Johannisbeerlikör, aufgefüllt mit trockenem Weißwein beziehungsweise Champagner.

Austern *(huitres)* und **Hummer** *(homard)* sind der Inbegriff des Luxus, denn Aufzucht beziehungsweise Fang sind aufwendige Angelegenheiten. Weniger teuer gehandelte, aber stets frische Fische und Meeresfrüchte kann man im Süden in einer echten *bouillabaisse* serviert bekommen – oder in einem der unzähligen anderen regionalen Fischgerichte.

Pasteten *(pâtés)* und **Terrinen** *(terrines)* sind Vorspeisenklassiker der feinen, aber auch der regionalen französischen Küche. Es kommt auf die Zutaten an, die im einen Fall teuer und raffiniert, im anderen einfach und bodenständig sind. Die Pasteten unterscheiden sich von den Terrinen dadurch, dass man dafür die Form zuerst mit einem Teig auskleidet und die Füllung auch damit abdeckt. Für die Terrine werden die Zutaten direkt in die Form gegeben und nur manchmal noch mit Speckstreifen umhüllt.

Trüffel *(truffes)* – der geheimnisvolle Pilz, genauer *tuber melanosporum*, die schwarze Trüffel, hat ihre Heimat im Périgord, wo ihr ausgedehnte Eichenwälder die geeigneten Lebensbedingungen bieten.

Zu **Foie gras** wird die Leber von Gänsen oder Enten, die nicht nur gemästet, sondern regelrecht gestopft werden. Deshalb ist sie – dem wunderbaren Geschmackserlebnis zum Trotz – nicht jedermanns Sache.

Mit einer **Vinaigrette** wird Salaten auf einfachste Art Würze und Ausdruck verliehen. Sie besteht im Grunde nur aus Essig, Öl, Salz, Pfeffer und nach Belieben etwas Senf oder Kräutern. Raffiniert und köstlich wird sie durch ausgesuchtes Öl und hochfeinen Essig.

Frisches Obst und Gemüse und das Neueste vom Tage gibt es auf dem Markt.

Die **Herbes de Provence** sind eine berühmte Mischung aus mindestens vier Kräutern, darunter meist Thymian, Rosmarin, Majoran, Lavendel, Salbei oder Lorbeer, die in der Provence sowohl wild als auch in ausgedehnten Kulturen wachsen.

Moutarde de Dijon – Senf mit feiner Schärfe, den man zu Fleisch- und Wurstgerichten (und zu Pommes frites!) reicht, aber auch in der Küche viel verwendet. Der größte Teil der französischen Senfproduktion stammt auch heute noch aus Dijon, wo man nach alten Rezepten eine Vielzahl von Sorten herstellt.

Französischer Käse *(fromage)* – mehr als 370 Sorten sollen es nach einem berühmten Bonmot von Charles de Gaulle sein *(„Comment est-il possible de gouverner un pays qui produit plus de trois cent soixante-dix fromages différents?")*. In Wirklichkeit übersteigt ihre Zahl wohl die 500. Rund 30 davon bekommt man inzwischen mit verlässlicher Herkunftsgarantie *(appelation d'origine contrôlée)*.

Ziegenkäse aus den kleinen Käsereien auf dem Land ist ein Genuss, den man sich nicht entgehen lassen sollte.

Französischer Wein – vom einfachsten *vin de table* bis zum Spitzenwein mit garantiertem Ursprung reicht die Palette guter Tropfen, die Kenner und Liebhaber auf der ganzen Welt mit der Zunge schnalzen lässt. Ein Menschenleben reicht kaum aus, jedem einzelnen, der es verdiente, angemessen Tribut zu zollen.
Eine besondere Stellung nimmt der **Champagner** ein. Nicht nur Auswahl und Anbau der Reben, auch die eigentliche Herstellung ist eine hohe Kunst, die sich über einige Jahrhunderte entwickelt hat und von den großen und kleinen Champagnerhäusern sorgsam weitergeführt wird.

Pâtisserie – ist das Stichwort für alle, die sich gern von zartem Gebäck verführen lassen. Hier ersteht man nicht einfach süße Teilchen, sondern kleine Kunstwerke mit klangvollen Namen, aus Brand- und Blätterteig, üppig gefüllt mit reichhaltigen Cremes, überzogen mit allerlei Glasuren und aufwändig verziert. Sie sind bei Einladungen beliebte Mitbringsel der Gäste und krönen jedes gute Menü.

Mousse au chocolat und die **Crème Caramel** sind Desserts, die über Frankreichs Grenzen hinaus gewisse Berühmtheit erlangten. Wie alle anderen, die hier nicht genannt werden können (siehe auch unter **Crêpes** und **Pâtisserie**),

sind sie dazu bestimmt, den Gaumen nach einem raffinierten Menü nochmals nach allen Regeln der Kunst zu umschmeicheln und einen starken *café* angenehm zu begleiten.

Nougat und **Fruits confits** sind nur zwei von vielen Spezialitäten der französischen Confiserie-Zunft. Erstere stammt ursprünglich aus Montélimar und dieses Nougat ist keineswegs unbedingt schokoladenbraun, sondern auch in Weiß zu haben: weil es nämlich in der Regel aus Honig, Eiweiß und Zucker besteht, wohinein noch Mandeln, Pistazien und Trockenfrüchte gerührt werden. Bei den farbenprächtigen kandierten Früchten aus dem Süden wurde der natürliche Saft der Früchte in einem langwierigen Verfahren komplett durch reinen Zucker ersetzt, was sie nicht nur supersüß, sondern auch fast unbegrenzt haltbar macht.

Zum guten Schluss seien noch die feinen Weinbrände wie der **Armagnac** aus der Gascogne und der ohnehin berühmte **Cognac** empfohlen. Dasselbe gilt für den normannischen **Calvados** aus Äpfeln und **Marc**, den Tresterbrand, sowie die zahlreichen *eaux-de-vie* aus verschiedenen Früchten. Sie leisten dem Magen nach einem (allzu) üppigen französischen Menü unschätzbare Dienste und auch in der Küche oder beim Flambieren am Tisch sind sie unentbehrlich.

Auf Schritt und Tritt stößt man fast überall im Land auf Reben. So auch am Fuß der Montagne du Lubéron.

Bauernterrine

Für 6 Personen

3 EL gehacktes Basilikum
1 EL Olivenöl
2 EL Marc oder Cognac
250 g mageres Hackfleisch vom Schwein
250 g Hackfleisch vom Kalb oder Geflügel
Salz
schwarzer Pfeffer aus der Mühle
1/4 TL gemahlener Koriander
1 Msp. gemahlener Piment (Nelkenpfeffer)
1 große, fein gehackte Zwiebel
1 EL Butter
100 g Kalbs- oder Geflügelleber
100 g in sehr dünne Scheiben geschnittener Magerspeck
2 Lorbeerblätter

Terrine de porc
Etwa 1 Esslöffel Basilikum mit dem Olivenöl und dem Marc oder dem Cognac mischen. Gut mit dem gehackten Fleisch vermengen und etwa 2 Stunden im Kühlschrank ziehen lassen.
Die Fleischmasse mit Salz, Pfeffer, dem Koriander und dem Piment würzen. Die Zwiebel in der Butter 5 Minuten dünsten und unter das Fleisch mischen. Die Leber in kleine Stücke schneiden. Die Terrine mit den Speckscheiben auslegen und die Hälfte des Hackfleisches hineingeben. Die Leber darauf verteilen und das Ganze mit dem restlichen Basilikum bestreuen. Das restliche Fleisch einfüllen und die Lorbeerblätter darauf legen.
Mit dem Speck abdecken. Den Deckel aufsetzen und die Terrine in Aluminiumfolie locker einpacken, die Folie aber gut verschließen. Oben in der Mitte ein kleines Loch anbringen.
In eine halbhoch mit heißem Wasser gefüllte Auflaufform stellen und im Ofen bei 160 °C etwa 1 3/4 Stunden garen. Dabei das Wasser nicht kochen, sondern nur leise ziehen lassen. Im Wasserbad auskühlen lassen.
Den Deckel abnehmen und die Terrine mit einem kleinen Brettchen beschweren, damit sie sich nicht wölbt. Beim Servieren nach Belieben das überschüssige Fett entfernen.
Dazu passt roter Landwein aus dem Burgund oder Beaujolais.

Die Terrinen verdanken ihren Namen dem Gefäß, in dem sie zubereitet werden, das heißt einer Keramik- oder Porzellanform mit gut sitzendem Deckel, der mit einem Dampfloch versehen ist. Für dieses Buch wurde eine Terrine aus Schweinefleisch ausgesucht, wie man sie im Burgund oft angeboten bekommt. Allerdings wurde der grüne, sehr fette Speck durch Magerspeck ersetzt, was dem Geschmack keinen Abbruch tut und unseren heutigen Vorstellungen besser entspricht. Am besten gelingt die Terrine, wenn man sie wie früher mit Brotteig verklebt, bevor sie im Wasserbad gegart wird. Ein einfaches Teiglein aus Mehl und Wasser erfüllt den Zweck auch. Auf jeden Fall sollte man sie im Gefäß auf den Tisch bringen und nicht einfach in Scheiben servieren, wie man es heute sehr oft macht. Dazu gehört nicht etwa Toast, sondern ein gutes, knuspriges Brot und, nach Belieben, Cornichons und Perlzwiebeln.

Eierflan mit Tomaten und Kräutern

Für 8 Souffléförmchen von 7 cm Durchmesser

8 Eier
150 ml süße Sahne
8 EL geriebener Käse (Greyerzer oder Comté)
Butter für die Förmchen

500 g geschälte Tomaten
2 EL Butter
2 EL gehackte Zwiebeln
Salz
weißer Pfeffer
1 Prise Zucker
1 Knoblauchzehe
2 EL frisch gehackte Kräuter (Petersilie, Kerbel, Thymian)

Flan aux œufs et aux tomates
Die Eier mit der Sahne schaumig schlagen und mit dem Käse mischen.
Die Souffléförmchen mit Butter ausstreichen und die Eiermischung einfüllen. In eine Auflaufform stellen, halbhoch heißes Wasser eingießen, mit Backpapier abdecken und bei 150 °C im vorgeheizten Backofen 30 bis 35 Minuten garen.
Die Tomaten in kleine Würfel schneiden. 1 Esslöffel Butter erhitzen und die Zwiebeln darin anschwitzen lassen. Die Tomaten hinzufügen und beides zu einem Mus einkochen. Mit Salz, Pfeffer, Zucker und der durchgepressten Knoblauchzehe abschmecken.
Die Kräuter in der restlichen Butter aufschäumen lassen.
Die Flans auf vorgewärmte Teller stürzen. Etwas Tomatenmus dazugießen, die Kräutermischung darüber geben und heiß servieren.

Wo Hühner sind, da gibt es Eier – und damit fast zwangsläufig viele Gerichte, in denen sie Verwendung finden. So auch in der Provence. Die meisten Eiergerichte werden gerne zusammen mit den Produkten der Gegend zubereitet: mit den schwarzen Trüffeln des Tricastin, den Oliven, den duftenden Kräutern der Haute-Provence, mit Tomaten und anderen südlichen Gemüsen, Sardellen und – in der entsprechenden Saison – auch mit Spinat, Sauerampfer und Spargel. Als Hauptgericht rechnet man zwei Flans pro Person, als Vorspeise genügt einer.

Creme aus gesalzenem Kabeljau

Für 6 Personen

500 g gesalzene Kabeljaufilets (Stockfisch)

Für den Sud:
1 Zwiebel
3–4 Pfefferkörner
1 Lorbeerblatt
1 Stück heiß abgebürstete Orangenschale
1 Zweig Petersilie
1 Zweig Stangensellerie
Salz

250 ml Olivenöl
250 ml Milch oder süße Sahne
weißer Pfeffer
Muskatnuss
1 TL abgeriebene Schale einer unbehandelten Zitrone
Saft von 1/2 Zitrone
3 Scheiben Toastbrot
2 EL Olivenöl zum Rösten der Brotscheiben
1–2 schwarze Trüffeln nach Belieben

Brandade de morue
Kabeljaufilets ein- bis zweimal durchschneiden. In kaltem Wasser 24 Stunden wässern, bis der Fisch weich ist. Das Wasser mehrmals wechseln.
Für den Sud alle Zutaten mit 1 Liter Salzwasser aufkochen. Den Fisch hineingeben und 3 Minuten ziehen lassen, dann vom Feuer nehmen. Den Fisch abkühlen lassen und aus dem Sud nehmen, Haut und Gräten sorgfältig entfernen.
Milch oder Sahne aufkochen und warm halten. Den Fisch zerpflücken, im Mörser fein zerreiben oder mit dem Mixstab pürieren und in einem Topf mit dickem Boden erwärmen. Abwechslungsweise das Öl und die Milch oder Sahne in kleinen Portionen dazugeben und dabei mit einem Holzlöffel kräftig

rühren, bis eine glatte Masse entstanden ist. Mit Salz, Pfeffer, Muskatnuss, Zitronenschale und -saft abschmecken.
Das Brot in kleine Dreiecke schneiden und im Olivenöl beidseitig rösten. Die Brandade auf den Brotscheiben anrichten und nach Belieben schwarze Trüffeln darüber hobeln.

Die „Brandade" schmeckt auf einem Stückchen Brot als Appetithäppchen zwischendurch oder zum Aperitif. Sollte sie gerinnen, kann sie mit ein bis zwei Esslöffeln kochender Milch im Mixer gerettet werden.

Taboulé

200 g feiner Weizenschrot (Bulgur) oder Couscous
2–3 Frühlingszwiebeln
2 Bund glatte Petersilie
1 Bund Minze
3 Tomaten
2 Zitronen
75 ml Olivenöl
Salz
frisch gemahlener schwarzer Pfeffer
einige kleine Salatblätter
10–12 schwarze Oliven

Weizenschrot mit 1/2 Liter Wasser übergießen und 15 Minuten stehen lassen, Couscous nach Packungsanleitung zubereiten.
Die Frühlingszwiebeln, Kräuter und Tomaten waschen. 2 Tomaten überbrühen, häuten und hacken, die übrige Tomate in Achtel schneiden. Die Frühlingszwiebeln in sehr dünne Ringe schneiden. Die Blättchen der Kräuter abzupfen und hacken. Einige Minzblättchen für die Garnitur zurückbehalten. Die Zitronen auspressen.
Den Weizenschrot in ein Sieb geben, damit die Flüssigkeit ablaufen kann, und gut ausdrücken. Schrot und Zwiebeln verkneten. Gehackte Tomaten, Kräuter, Zitronensaft und Olivenöl dazugeben und vermischen. Mit Salz und Pfeffer abschmecken.
Eine Platte mit Salatblättern auslegen und das Taboulé darauf geben oder in Schüsselchen füllen. Mit Minzblättchen, Tomatenachteln und schwarzen Oliven garnieren.

Im Vorderen Orient zählt dieser Salat, der „Tabbouleh", zu den beliebtesten Vorspeisen. Aber er wird auch zu vielen verschiedenen Gerichten als gesunde, schmackhafte Beilage gereicht. Wer mag kann den Salat übrigens mit einer Handvoll gekochten Kichererbsen anreichern. Nach Frankreich kam er über Nordafrika. Die Mischung aus Bulgur – der auch Burghul genannt wird – und Kräutern verleiht ihm eine besondere Note und auch etwas Fremdartiges. Bulgur – wie auch Couscous – ist in einschlägigen Spezialgeschäften erhältlich.

Überbackene Zwiebelsuppe

Für 4–6 Personen, je nach Größe der Tassen

500 g Zwiebeln
1 EL Butter
1 Liter Fleischbrühe
4–6 dünne Weißbrotscheiben, am besten Baguette
2 EL Butterschmalz
200 ml Weißwein
Salz
Pfeffer aus der Mühle
Muskatnuss
100 g geriebener Käse, z.B. Comté oder Gruyère

Gratinée des halles
Die Zwiebeln schälen, in feine Streifen schneiden und in der Butter anziehen lassen. 2 Esslöffel Fleischbrühe hinzufügen, zudecken und etwa 30 Minuten dünsten. Die Zwiebeln dürfen hellgelb, aber nicht dunkel werden, sonst schmecken sie bitter. Ab und zu wenden.
Die Brotscheiben beidseitig im Butterschmalz hellbraun rösten.
Den Weißwein über die Zwiebeln gießen, etwas verdampfen lassen, dann die restliche Brühe dazugießen und aufkochen lassen.
Mit Salz, Pfeffer und Muskatnuss abschmecken.

Die Suppe in vorgewärmte Suppentassen einfüllen, je eine Brotscheibe darauf legen, mit Käse bestreuen und bei Oberhitze im vorgeheizten Ofen oder unter der Grillschlange kurz überbacken, bis der Käse schmilzt. Sollten nicht alle Tassen auf einmal im Ofen Platz haben, die Brotscheiben mit dem Käse immer erst kurz vor dem Überbacken auf die Suppe legen, damit sie obenauf schwimmen und nicht in der Suppe versinken.
Vorsicht beim Servieren – die Suppentassen sind heiß!

Die „Gratinée" ist ein altes Rezept aus der Ile-de-France. Sie wurde von den Gemüsebauern der Umgebung nach Paris gebracht, wo sie ihre Produkte in den legendären „halles" feilboten. Bald bürgerte sie sich in den rundum liegenden kleinen Bistros ein, wo sie frühmorgens von ausgelassenen Nachtschwärmern – Parisern wie Touristen – ebenso wie von Gemüse- und Fischhändlern, Metzgern und Lastwagenfahrern mit Heißhunger verzehrt wurde. Allerdings geriet sie dort etwas üppiger, weil sie mit Mehl gebunden wurde. In den Bistros der „halles" gab manch einer auch noch einen Schluck Cognac aus der Wamsflasche hinein oder verlangte sie mit zwei aufgeschlagenen Eiern. Heute ist diese Zwiebelsuppe in ganz Paris und vielerorts in Frankreich zu einem traditionellen Bistrogericht geworden.

Käsesoufflé
Quiche Lorraine

KÄSESOUFFLÉ
Für eine Auflaufform von etwa 22 cm Durchmesser oder 4 kleine Förmchen aus Porzellan

Butter und Mehl für die Form
60 g Butter
40 g Mehl
350 ml Milch, Salz
Pfeffer aus der Mühle
Muskatnuss
160 g frisch geriebener Käse, 4 Eier

QUICHE LORRAINE
Für eine Form von 24 cm Durchmesser

Für den Teig:
200 g Mehl
1 Ei, 1 Prise Salz
120 g weiche Butter

Für die Füllung:
2 EL Butter oder Schweinefett
200 g geräucherter Magerspeck in feinen Scheiben oder Schinkenwürfel
1 große Zwiebel
4 Eier
400 ml süße Sahne
Salz, Pfeffer
Muskatnuss
Butter für die Form
20 g Butterflocken zum Bestreuen

KÄSESOUFFLÉ

Soufflé au comté

Die Souffléförmchen oder eine Auflaufform halbhoch mit Butter ausstreichen und mit Mehl überstäuben. Überflüssiges Mehl wieder ausschütten.
Die Butter mit dem Mehl unter Rühren hellgelb anschwitzen. Die Milch aufkochen lassen und – damit keine Klumpen entstehen – rasch mit der Mehlschwitze verrühren. Etwa 8 Minuten lang zu einer dicken Sauce rühren. Mit Salz, Pfeffer und Muskatnuss abschmecken. Den Käse hinzufügen, von der Herdplatte nehmen und etwas abkühlen lassen.
Die Eier trennen. Die Eigelbe einzeln unter die Masse arbeiten. Wenn nötig, etwas nachwürzen.
Die Eiweiße mit einer Prise Salz zu samtigem Schnee schlagen. Etwa die Hälfte davon unter die Masse mischen, den Rest locker unterziehen. Die Förmchen bis zum Rand füllen.
In der Mitte des vorgeheizten Ofens bei 180 °C etwa 15 bis 20 Minuten backen und sofort servieren. Nicht vergessen, dass die Gäste auf das Soufflé warten sollen und nicht umgekehrt!

QUICHE LORRAINE

Für den Teig das Mehl in eine Schüssel sieben, in die Mitte eine Mulde drücken. Das Ei, Salz und die klein geschnittene Butter dazugeben. Rasch zu einem Teig verarbeiten und 1 Stunde kühl ruhen lassen.
Für die Füllung die Butter oder das Schweinefett erhitzen. Den Speck darin leicht anrösten und aus der Pfanne nehmen. Die Zwiebel abziehen, hacken und im Speckfett glasig dünsten. Eier und Sahne leicht verquirlen. Mit Salz, Pfeffer und Muskatnuss würzen.
Den Teig etwa 3 mm dick ausrollen. Die mit der Butter bestrichene Form damit auslegen. Den Teigboden mit einer Gabel mehrmals einstechen. Den Speck in der Form verteilen, einige Scheiben zurückbehalten. Im vorgeheizten Backofen 10 Minuten bei 230 °C vorbacken. Aus dem Ofen nehmen, die Zwiebeln auf den Speck verteilen und die Eiersahne darüber gießen. Die Temperatur auf 220 °C reduzieren und die Quiche etwa 25 bis 30 Minuten weiterbacken. Luftblasen aufstechen. Etwa 5 Minuten vor Ende der Backzeit mit den restlichen Speckscheiben und den Butterflocken belegen. Warm servieren.

COMTE

Zwiebel-Hefekuchen

Für den Teig:
40 g Hefe
2 TL Zucker
500 g Mehl
200 ml Wasser
6 EL Olivenöl
Olivenöl für das Blech

Für den Belag:
1 kg in Streifen geschnittene Zwiebeln
2 EL Olivenöl
1 TL Essig
1 Lorbeerblatt
1 Gewürznelke
1 Knoblauchzehe
1 TL gehackter Thymian
1 TL Oregano
grob gemahlener schwarzer Pfeffer
2 Eier
125 ml süße Sahne
12 Sardellenfilets
50 g schwarze, entsteinte Oliven
1 EL Butterflöckchen

Pissaladière
Für den Teig die Hefe mit dem Zucker und etwas lauwarmem Wasser in einer großen Teigschüssel verrühren. 15 Minuten ruhen lassen. Das Mehl, das Wasser, die aufgelöste Hefe und das Olivenöl rasch zu einem glatten Teig kneten und zu einer Kugel formen. Mit einem Tuch bedeckt an einem warmen Ort etwa 20 Minuten gehen lassen.
Für den Belag die Zwiebeln in etwas Öl 5 Minuten dünsten, ohne sie Farbe annehmen zu lassen. Essig, Lorbeerblatt, Gewürznelke, durchgepressten Knoblauch und die Kräuter hinzufügen.
Zugedeckt 15 Minuten schmoren lassen. Nach und nach 4 Esslöffel Wasser dazugeben und ohne Deckel etwa 10 Minuten weiterdünsten, bis alle Flüssigkeit verdampft ist. Mit Salz und Pfeffer würzen und erkalten lassen.
Den Backofen auf 220 °C vorheizen. Ein Backblech mit Olivenöl bestreichen, den Teig ausrollen und hineinlegen, dabei einen 3 Zentimeter hohen Rand formen. Den Teigboden mit einer Gabel mehrmals einstechen.
Die Eier mit der Sahne gut verquirlen. Mit der kalten Zwiebelfüllung und 4 gehackten Sardellenfilets mischen und auf dem Kuchenboden verteilen. Die restlichen Sardellenfilets und die Oliven darauf anordnen und das Ganze mit den Butterflöckchen bestreuen. Im vorgeheizten Backofen 30 bis 35 Minuten backen.
Die Pissaladière darf nur leicht Farbe annehmen. Warm oder kalt, aber möglichst noch am gleichen Tag servieren.

Die „Pissaladière" ist eine sehr alte Spezialität. Sie verdankt ihren Namen dem „pissalat", einem gewürzten Fischpüree, mit dem der Kuchen früher bestrichen wurde. Es besteht aus Sardinen- und Sardellenfleisch, mit Kräutern und Gewürzen in Salzlake eingelegt. Heute ersetzt man diese Mischung meistens durch eingesalzene Sardellen.

Flammkuchen

500 g Sauerteig (eventuell vom Bäcker)
Mehl für das Backbrett
2 große, gehackte Zwiebeln
60 g gewürfelter Räucherspeck
30 g Butter
Salz
Pfeffer
Muskatnuss
1/2 Liter süße Sahne
1 Esslöffel Rüböl

Flammeküeche
Den Teig sehr dünn auswellen und auf einem bemehlten Backbrett ausbreiten. Die Zwiebeln und die Speckwürfel in der Butter kurz andünsten, mit Salz, Pfeffer und Muskat abschmecken. Zwiebeln und Speck mit der Sahne vermischen und auf dem Teig verteilen. Das Ganze mit Rüböl beträufeln und im sehr heißen Ofen etwa 10 Minuten backen. Heiß zu einem Glas Elsässer Wein servieren.

Hier noch zwei Varianten dieses elsässischen ‚Nationalgerichts':
Man kann die Zwiebeln und die Speckwürfel einfach weglassen oder fügt der Masse noch zwei Eigelb und 100 Gramm weißen Käse (Quark) hinzu.

Früher war es üblich, diesen pikanten Kuchen im öffentlichen Backhaus oder beim Bäcker zu backen. Dort wurde er natürlich besonders knusprig. Noch heute gibt es im Elsass zahlreiche Gasthöfe, die nach traditioneller Methode „Flammeküeche" im Holzofen backen, der mit Reb- oder Tannenholzbündeln beheizt wurde – auch eine besondere Attraktion der elsässischen Winzerfeste.

Marseiller Bouillabaisse

Für 6–7 Personen

2 Zwiebeln
1 Lauchstange
2 kleine Tomaten
150 ml Olivenöl
4 Knoblauchzehen
2 Lorbeerblätter
1/2 TL Fenchelsamen
1 Stück heiß abgebürstete Orangenschale
1 Zweig Thymian
1 Zweig Bohnenkraut
2 kleine, entkernte, scharfe rote Pfefferschoten
Salz, Pfeffer
3 kg Mittelmeerfische (Drachenkopf, rot oder grau, Petersfisch, Wittling, Seeteufel, Knurrhahn, Stöcker)
1 Prise Safranfäden
6–7 dünne Scheiben Baguette

ROUILLE
2 kleine, scharfe rote Pfefferschoten
Salz
1 Prise Safran
4 Knoblauchzehen
40 g Brot ohne Kruste
2–3 EL Fischbouillon
1 Eigelb
100 ml Olivenöl

Das Gemüse waschen und putzen. Die Zwiebeln in feine Streifen, den Lauch in feine Rädchen und die Tomaten in Viertel schneiden. Das Olivenöl erhitzen. Die Zwiebeln, die Tomaten und den Lauch im Öl leicht Farbe annehmen lassen. Den Knoblauch abziehen und mit dem Messer zerdrücken. Mit den Lorbeerblättern, dem Fenchelsamen, der Orangenschale, dem Thymian, dem Bohnenkraut und den Pfefferschoten hinzufügen. Alles gut mischen, kurz weiterdünsten, dann mit Salz und Pfeffer abschmecken und abkühlen lassen. Alle Fische ausnehmen und gut waschen. Die Köpfe abschneiden und spalten, auf diese Art geben sie der Bouillon mehr Aroma ab. Die Flossen abschneiden und je nach Größe die Fische in Scheiben schneiden oder in Stücke teilen. Die Fische in die erkaltete Marinade geben und alles gut mischen. Etwa 4 bis 5 Stunden ziehen lassen.
Die Fische mit der Marinade in einen Topf geben. Mit kaltem Wasser auffüllen bis etwa 2 cm unterhalb der Fische. Bei großer Hitze aufkochen lassen und 6 bis 8 Minuten sprudelnd kochen, dann die Hitze reduzieren. Den Safran beifügen und 8 bis 10 Minuten weitergaren.
Inzwischen die Rouille (Rezept s. unten) zubereiten und die Weißbrotscheiben toasten. Die Fische mit dem Schaumlöffel sorgfältig aus der Suppe nehmen und auf einer vorgewärmten Platte anrichten. Die Suppe passieren und, wenn nötig, nachwürzen. Die Brotscheiben nach Belieben in Suppenteller legen und die heiße Fischbouillon darauf gießen. Die Fische werden gleichzeitig mit der Suppe gegessen. Die Rouille in die Suppe geben oder separat dazu servieren.

ROUILLE
Pfefferschoten längs halbieren, entkernen und in kleine Stücke schneiden. Mit Salz, Safran und dem geschälten, klein geschnittenen Knoblauch im Mörser zu einer Paste verreiben. Brot zerkleinern und mit heißer Fischbrühe begießen, ausdrücken und mit dem Stößel unter die Paste arbeiten. Eigelb hinzufügen und das Öl unter ständigem Rühren nach und nach zugießen. Wenn nötig, mit wenig warmem Sud verdünnen.

1992

Goldbrasse vom Grill

Für 2-3 Personen

1 Goldbrasse von etwa 1 kg
Salz
schwarzer Pfeffer aus der Mühle
1 Zweig Thymian
wenig Fenchelkraut oder 4-5 Fenchelsamen
2 Knoblauchzehen
3 EL Chiliöl oder Olivenöl
100 ml kaltgepresstes Olivenöl zum Beträufeln

Dorade grillé

Den Fisch beim Kauf schuppen und ausnehmen lassen. Innen und außen mit Salz und Pfeffer einreiben. Die Kräuter und die flach gedrückten Knoblauchzehen in den Bauch des Fisches legen.

Den Grill vorheizen und den Grillrost mit Alufolie bespannen. Den Fisch mit einem scharfen Messer beidseitig zickzackförmig einschneiden. Mit Chiliöl oder Olivenöl bestreichen, auf den Grill legen und beidseitig etwa 15 Minuten grillen. Dabei immer wieder mit dem Öl bestreichen. Kontrollieren Sie dann, ob er gar ist: Die Bauchhöhle darf nicht mehr rosa sein und die Seitenflosse sollte sich mühelos herausziehen lassen.

Den Fisch mitsamt der Folie vom Grill nehmen und 3 Minuten darin nachgaren lassen.

Die Haut dem Rückgrat entlang einschneiden und nach unten wegziehen. Die Filets von den Gräten ablösen, in Portionsstücke teilen, mit kaltgepresstem Olivenöl beträufeln und mit Pfeffer aus der Mühle bestreuen.

Goldbrassen können auch ungeschuppt direkt auf dem Grill zubereitet werden, die Haut wird dann aber nicht eingeschnitten und der Fisch nur mit gewöhnlichem Olivenöl bestrichen. Danach entfernt man die Haut samt den Schuppen. Lecker schmeckt dazu Aioli oder eine „Rouille" (s. Rezept S. 34). Auch Wolfsbarsch lässt sich auf diese Art grillen, dann aber nur Fenchelkraut in den Bauch legen und nach Belieben vor dem Servieren mit Pernod flambieren.

ERNOD
FILS
nal de France

Aal in Kräutersauce
Hecht in Senfbutter

AAL IN KRÄUTERSAUCE
4 Aale zu je 350 g
1/2 Liter Weißwein
Salz
1 TL zerdrückte Pfefferkörner
100 g frische Butter
gehackte Kräuter:
4 EL Sauerampfer
2 EL Petersilie
1 EL Kerbel
1 TL Salbei
1 TL Pfefferminze
1 TL Bohnenkraut
1 EL Mehl
Pfeffer
Saft von 1 Zitrone

HECHT IN SENFBUTTER
Für 6 Personen
1 junger Hecht von etwa 1,2 kg
2 EL Butter
4 fein gehackte Schalotten
1/4 Liter Weißwein (Anjou oder Muscadet)
Salz
Pfeffer
1/2 TL englisches Senfpulver
100 ml süße Sahne
60 g Butterflocken

AAL IN KRÄUTERSAUCE

Anguille au vert

Die Aale beim Kauf häuten und pfannenfertig zurichten lassen. Den Fisch in 4 cm lange Stücke schneiden und im Wein mit wenig Salz und dem Pfeffer aufkochen.
Etwa 50 g Butter in einem Topf schmelzen lassen. Die Kräuter und die Aalstücke hinzufügen und alles gut mischen. Mit dem Mehl überstäuben, umrühren und etwas andünsten, dann nach und nach den Kochsud der Fische dazugeben. Nach 10 Minuten den Fisch herausnehmen und warm stellen. Den Sud mit Salz und Pfeffer abschmecken und sämig kochen. Die restliche Butter klein schneiden und zusammen mit dem Zitronensaft dazugeben. Mit einem Holzlöffel rühren, bis eine glatte Sauce entsteht. Nach Bedarf nachwürzen. Die Fischstücke in die Sauce geben und langsam erwärmen. Nicht mehr kochen lassen!

HECHT IN SENFBUTTER

Brochet à l'angevine

Den ausgenommenen Hecht in 3 cm dicke Scheiben schneiden. Diese in der Butter rasch beidseitig anziehen lassen. Die Schalotten hinzufügen und 1 bis 2 Minuten mitdünsten, dann mit dem Wein ablöschen. Die Fischstücke mit Salz und Pfeffer bestreuen und halb zugedeckt 5 Minuten ziehen lassen. Dann aus der Pfanne heben und warm stellen.
Den Fischsud auf die Hälfte einkochen lassen. Das Senfpulver und die Sahne gut mischen und hinzufügen. Weiterkochen, bis die Sauce sämig wird. Die Butterflocken darunter rühren. Eventuell nachwürzen und die Sauce über die Fischscheiben verteilen.

Die Zubereitungsart des Aals stammt eigentlich aus Belgien. Aber seit über achtzig Jahren gehört auch dieses Rezept zu den bekannten Pariser Bistrogerichten. Vielleicht hat es einmal ein Flame in die Seine-Stadt gebracht, wo es offenbar Gefallen fand. Man trinkt dazu einen Muscadet oder Bier.
Das Rezept Hecht in Senfbutter stammt aus der Zeit, als es in Maine und Loire noch viele Hechte gab. Sie wurden jung gefangen und, wie im Rezept beschrieben, in einer leichten Senfsauce angerichtet. In diesen Flüssen gab und gibt es auch noch heute – nur leider weniger – Alsen, Aale und Lachse.

Kabeljau in Apfelwein

2 große säuerliche Äpfel
200 ml Cidre (Apfelwein)
1 TL Zucker
4 EL Butter
800 g Kabeljau (Schwanzstück oder Rückenfilet)
100 ml Fleischbouillon
Butter für die Form
Salz
Pfeffer
200 ml süße Sahne
1 TL scharfer Senf, zum Beispiel Dijon-Senf
2 EL Calvados
30 g Butterflocken
1/2 TL gehackter Thymian
1 EL gehackte Petersilie

Cabillaud au cidre
Die Äpfel schälen, halbieren und entkernen. Die Apfelhälften von der gewölbten Seite her in Abständen von etwa 3 Millimeter so einschneiden, dass sie unten noch zusammenhalten. Mit wenig Apfelwein beträufeln.
Den Zucker in einer Bratpfanne hellbraun schmelzen. Etwa 2 Esslöffel Butter dazugeben und die Apfelhälften beidseitig in der Butter anziehen lassen. 1 bis 2 Esslöffel Apfelwein dazugeben und die Äpfel knapp weich garen.
Den Kabeljau mit dem restlichen Apfelwein und der Fleischbouillon in einen Bräter geben. Zudecken, erhitzen und bei kleiner Hitze zugedeckt 5 Minuten garen.
Den Kabeljau herausnehmen und häuten. Mit Küchenpapier abtupfen, in eine mit Butter ausgestrichene Form legen, salzen, pfeffern, die restliche Butter schmelzen und den Fisch damit begießen. Im vorgeheizten Backofen etwa 30 Minuten bei 180 °C braten. (Das Schwanzstück ist nicht gleichmäßig dick, deshalb den schlankeren Teil mit etwas Folie abdecken.)
Den Sud durch ein feines Sieb gießen. Auf etwa 100 Milliliter einkochen. Die Sahne dazugeben und die Sauce sämig kochen. Die Äpfel zum Fisch geben. Etwa 1/2 Teelöffel Senf mit dem Calvados verrühren. Den Kabeljau damit bestreichen und etwa 10 Minuten überbacken. Die Butterflocken unter die Sauce rühren. Mit Salz, Pfeffer, Thymian und dem restlichen Senf abschmecken.
Den Fisch mit der Petersilie bestreuen und die Sauce separat dazu servieren.

Die Herstellung von Apfelwein ist seit der Antike bekannt. Sie wurde unter Karl dem Großen reglementiert und im 12. Jahrhundert etablierte sie sich in der Normandie und in der Bretagne, wo das Klima für die Apfelkultur sehr günstig ist. Für den Cidre werden viele verschiedene Apfelsorten verwendet. Die Kunst des Kellermeisters besteht darin, eine harmonische Mischung aus süßen, sauren und oft auch leicht bitteren Apfelsorten zusammenzustellen. Manchmal werden auch einige Birnen hinzugefügt. Die Gärung, die ohne jeden fremden Zusatz abläuft, dauert ungefähr einen Monat. Während dieser Zeit wird der Cidre mehrmals geklärt, meistens zum Schluss pasteurisiert und mit wenig Kohlensäure angereichert. Lange Zeit war der Cidre ausschließlich ein Getränk. Inzwischen wird er auch in der Küche gern verwendet.

CLOS
NORMAND
HERB

Fischragout nach Elsässer Art

je 500 g Hecht und Aal
je 400 g Schleie und Barsch
Salz
Pfeffer
90 g Butter
3 EL gehackte Zwiebeln
2 EL gehackte Schalotten
1 zerdrückte Knoblauchzehe
1 cl Cognac
1/4 Liter Weißwein
1/4 Liter Fischsud oder Wasser
1 Bouquet garni (Petersilie, Thymian, Lorbeer)
200 g kleine Zwiebeln
Saft von 1 Zitrone
200 g Champignons
1/4 Liter süße Sahne
Mehlbutter aus 40 g Butter und 30 g Mehl

Petersilie und Fleurons aus Blätterteig oder Croûtons zum Garnieren

Matelote

Die vorbereiteten Fische in Stücke von etwa 50 g schneiden, salzen und pfeffern. Gut 30 g Butter in einer Kasserolle erhitzen, Zwiebeln, Schalotten und Knoblauch darin anschwitzen. Die Fischstücke hineinlegen, nach einigen Minuten den Cognac hinzufügen und das Ganze mit Wein und Fischsud aufgießen. Das Kräutersträußchen beifügen und alles 10 Minuten kochen.
Die kleinen Zwiebeln mit einer Prise Salz und 30 g Butter in einem Topf mit etwas Wasser kochen, bis das Wasser verdunstet ist. Etwa 100 Milliliter Wasser mit der restlichen Butter, der Hälfte des Zitronensafts und einer Prise Salz erhitzen und die geputzten Champignons darin 5 Minuten blanchieren.
Die Fischstücke aus dem Topf nehmen und in einer Schüssel mit den Zwiebeln und den Champignons warm stellen. Den Fischfond durchseihen, erneut aufkochen und reduzieren. Die Sahne und den restlichen Zitronensaft dazugeben und das Ganze mit der Mehlbutter binden.
Die Sauce über die Fischstücke geben und das Gericht mit Petersilie und den Fleurons garnieren.

In allen Regionen des Landes, wo Wein wächst und Fische die heimischen Gewässer bevölkern, findet man Rezepte für diese und ähnliche Fischragouts. Den geschmacklichen Unterschied machen dann jeweils die verwendeten Fische und der Wein aus. Ob rot oder weiß ist übrigens egal, er sollte nur nicht schwer sein.

Gratinierte Miesmuscheln

2 kg Miesmuscheln
4 gehackte Schalotten
1 fein gehackte Zwiebel
2 EL Butter
200 ml Weißwein
Pfeffer aus der Mühle
150 ml süße Sahne
2 Eigelb
1 TL Currypulver
Salz

Mouclade
Die Muscheln unter fließendem kaltem Wasser kräftig abbürsten, bis alle Unreinheiten entfernt sind. Den „Bart" auszupfen. Muscheln mit defekter Schale entfernen. Die Schalotten und die Zwiebel in der Butter in einem hohen Topf anziehen lassen. Den Wein und den Pfeffer hinzufügen und etwa 10 Minuten kochen lassen. Die Muscheln dazugeben, zudecken und bei großer Hitze aufkochen. Sobald Dampf entsteht, den Deckel entfernen und die Muscheln gut durchrühren. Wenn sich die Schalen öffnen, abgießen und den Sud auffangen. Muscheln, die sich beim Kochen nicht öffnen, herausnehmen und wegwerfen.
Den Sud in einen Topf geben und bis zu einem Drittel einkochen lassen.
Inzwischen von den Muscheln je eine Schalenhälfte entfernen. Die Muscheln in eine Gratinform geben und warm halten.
Den Sud passieren. Die Sahne, die Eigelbe und das Currypulver gut verrühren und unter Rühren in den Sud geben. Die Sauce wieder in den Topf geben und kurz erhitzen, aber nicht mehr kochen lassen. Mit Salz und Pfeffer abschmecken und über die Muscheln verteilen.
Das Gericht im vorgeheizten Ofen 3 bis 4 Minuten bei 220 °C Oberhitze überbacken.
Dazu passt ein weißer Graves oder Bordeaux.

Die „Mouclade" ist ein ganz typisches Gericht aus der Charente. Man sollte dazu die „moules de bouchot", kleine Miesmuscheln aus dieser Gegend oder aus der Bretagne, verwenden. Sie sind feiner im Fleisch und aromatischer als die großen Sorten. Der Curry gibt diesem Gericht die interessante Note. Allerdings muss er sparsam verwendet werden.
Ein ganz besonders originelles Muschelgericht wird in der Gegend von Marennes im Freien zubereitet. Diese sehr alte Spezialität von der Halbinsel Avert wird „éclade" oder auch „terrée de moules" genannt. Man bestreicht dazu ein Brett mit Lehm, steckt in die Mitte ein Kreuz aus vier Muscheln mit der Spitze nach oben und belegt rundum das Brett ganz dicht mit Muscheln. Das Ganze wird mit einer Schicht Piniennadeln zugedeckt und angezündet. Dann wird die Asche mit einem Besen weggefegt. Gegessen werden diese Muscheln heiß mit Landbrot und gesalzener Butter.

PRODUCT OF
1992
100 cl

Hummer in Tomaten-Cognacsauce

Für 2 Personen

1 Lorbeerblatt
1 Hummer von etwa 1 kg
2 EL Butterschmalz
1 große, gehackte Zwiebel
1 gehackte Karotte
3 gehackte Schalotten
2 Knoblauchzehen
1 kleiner Estragonzweig
40 g frische Butter
3 EL Cognac
200 ml trockener Weißwein
2 geschälte Tomaten
1/2 TL Tomatenpüree
1 EL gehackte Petersilie
1/2 TL Zucker
Salz, Pfeffer
1 Prise Cayennepfeffer
Saft von 1/2 Zitrone

Homard à l'armoricaine
Einen großen Topf mit Wasser und dem Lorbeerblatt erhitzen. Den Hummer mit dem Kopf voran hineingeben. Etwa 1 Minute kochen lassen, dann vom Herd nehmen und etwa 3 Minuten stehen lassen.
Den Hummer aus dem Sud nehmen. Die Scheren ablösen und anknacken. Den Schwanz vom Kopf abtrennen und in 4 Teile hacken. Den Kopf längs halbieren und den Beutel mit dem grießigen Inhalt entfernen. Die cremigen Teile des Kopfes und den Rogen für die Sauce aufheben.
Die Hummerstücke im Butterschmalz unter ständigem Wenden 3 bis 4 Minuten anbraten. Die Zwiebel, die Karotte, die Schalotten, den durchgepressten Knoblauch und den Estragonzweig in 20 g Butter anziehen lassen. Die Hummerstücke dazugeben. Mit 2 Esslöffeln Cognac ablöschen und nach Belieben flambieren. Den Wein hinzufügen und etwa 6 bis 7 Minuten zugedeckt leise schmoren lassen. Die Tomaten ausdrücken, klein würfeln und mit dem Tomatenpüree, der Petersilie und dem Zucker dazugeben. Nochmals etwa 10 Minuten zugedeckt weitergaren.
Die restliche Butter mit der Hummercreme aus dem Kopfteil und dem Rogen zu einer Paste verarbeiten. Die Hummerstücke warm stellen. Die Sauce durch ein feines Sieb drücken. Die Hummerbutter und den restlichen Cognac unter die Sauce schlagen. Mit Salz, Pfeffer und dem Cayennepfeffer abschmecken, wenig Zitronensaft hinzufügen und über dem Hummer anrichten.
Dazu passt ein Sauternes oder ein anderer gehaltvoller Weißwein.
Variante: Für den „Homard à la crème" lässt man Zwiebeln und Tomaten weg und kocht den Fond am Schluss mit etwa 1/4 Liter süßer Sahne zu einer sämigen Sauce ein.

Die Hummer aus der Bretagne gelten als die besten der Welt. Lebend sind sie schwarz. Die männlichen Hummer haben einen etwas gewölbteren Körper als die weiblichen. Oft wird dieses Gericht auch „à l'américaine" genannt. Kenner sagen, dass es aber gar nichts mit Amerika zu tun hat, außer dass es die Amerikaner gerne essen! Es soll sich um ein altes Rezept aus der Armorique, einem Teil der bretonischen Küste, handeln. Wie dem auch sei, die Sauce ist sehr gut und der Cognac wird auch nicht weit von dort in der Charente hergestellt.

Überbackene Jakobsmuscheln

4 frische Jakobsmuscheln
2 Schalotten
100 g kleine Egerlinge
80 g Butter
1/2 Bund krause Petersilie
2 gestrichene EL Mehl
1/8 Liter trockener Weißwein
Salz
weißer Pfeffer aus der Mühle
1 Eigelb
3 EL Paniermehl
1 EL geriebener Emmentaler Käse

Coquilles Saint-Jacques au gratin
Etwa 1/2 Liter Wasser aufkochen. Das Muschelfleisch und die Rogen 3 Minuten darin blanchieren und abtropfen lassen. Das Blanchierwasser aufheben.
Die gesäuberten Muschelschalen 10 Minuten auskochen.
Die Schalotten schälen und sehr klein würfeln. Die Egerlinge, falls sie nicht zu sehr verschmutzt sind, nur mit Küchenpapier abreiben, sonst abbrausen und abtropfen lassen, dann in Scheibchen schneiden.
Den Backofen auf 200 °C vorheizen. Das Muschelfleisch und die Rogen in Stückchen schneiden. In einer Kasserolle die Hälfte der Butter erhitzen, die Schalottenwürfel bei Mittelhitze glasig werden lassen, die Egerlinge hinzufügen und 5 Minuten schmoren. Die Petersilie abspülen, die Blättchen hacken und unter die Pilze rühren. Das Mehl darüber stäuben und unterrühren, kurz anschwitzen, nach und nach unter Rühren 1/8 Liter vom Blanchierwasser und den Weißwein zugießen. Alles 2 Minuten kochen lassen. Die Kasserolle beiseite stellen, kurz abkühlen lassen, die Sauce mit Salz und Pfeffer abschmecken, dann das Eigelb unterrühren. Die Muschel- und Rogenstückchen unter die Sauce mengen und alles in die Muschelhälften füllen. Das Paniermehl mit dem Käse vermischen und auf dem Ragout verteilen. Die restliche Butter in Flöckchen darauf legen. Die Muscheln im Backofen 10 Minuten überbacken.
Einen trockenen französischen Weißwein dazu servieren, etwa einen Chablis, einen weißen Bordeaux oder einen Sancerre.

Die Jakobsmuschel kennt jeder, und sei es nur von den Shell-Tankstellen, denen sie als Markenzeichen dient. In Feinschmeckerkreisen ist die relativ große Kammmuschel als „Coquille Saint-Jacques" berühmt geworden. In verschiedenen Zubereitungsarten kommt sie hier als Vorspeise oder als Hauptgericht auf den Tisch. Meist werden die Jakobsmuscheln in ihren attraktiven, gesäuberten Schalen serviert, oft auch überbacken in einer Sauce aus Egerlingen.
Frische Jakobsmuscheln findet man heute bereits vorbereitet beim Fischhändler, so dass die nicht essbaren Teile wie die grauen Schleimhäute, die wie ein Rand rund um das Muschelfleisch liegen, entfernt sind. Verwendet werden das weiße Muschelfleisch – genannt Nüsschen – und der orangefarbene Rogen – genannt Corail.

Entrecôte nach Art von Bordeaux

4 große Markknochen vom Rind
100 g gehackte Schalotten
1 EL Butter
300 ml roter Bordeaux
100 ml Kalbsfond
Salz
Pfeffer aus der Mühle
300 ml Fleischbrühe
2 doppelte Entrecôtes (Zwischenrippenstücke) von je 350–400 g
1 EL Butterschmalz
40 g frische Butter
1 TL gehackte Petersilie

Entrecôte à la bordelaise
Die Markknochen etwa 1 Stunde wässern. Die Schalotten 5 Minuten unter Wenden in der Butter dünsten. Die Hälfte davon herausnehmen, den Rest im Rotwein 15 Minuten kochen, passieren und den Wein mit dem Kalbsfond stark reduzieren. Mit Salz und Pfeffer abschmecken.
Die Brühe erhitzen. Die Markknochen hineingeben, aufkochen und beiseite stellen.
Die Entrecôtes insgesamt 12 bis 15 Minuten beidseitig im Butterschmalz braten, mit Salz und Pfeffer würzen, herausnehmen und warm stellen.
Die vorbereitete Reduktion in die Pfanne geben und nochmals ein wenig einkochen. Die frische Butter klein schneiden, unter die Sauce schwingen und gut abschmecken. Das Mark vom Knochen lösen, in Scheiben schneiden und zusammen mit den restlichen Schalotten auf dem Fleisch verteilen. Die Sauce darüber geben und mit der Petersilie bestreuen. Als Beilage passen Bratkartoffeln, Pommes frites oder ein Kartoffelgratin.
Am besten den Wein dazu servieren, der für die Zubereitung der Sauce gewählt wurde. Aber eventuell einen älteren Jahrgang.

Das ursprüngliche Rezept für das „Entrecôte à la bordelaise" war bestechend einfach. Das Fleisch wurde auf Rebholzglut gegrillt und mit einem Stück Butter und rohen, gehackten Schalotten belegt. Später wollte man es raffinierter und belegte es mit Rindermarkscheiben, bestreut mit Petersilie. Nun hat sich aber überall eingebürgert, es mit gedünsteten Schalotten und einer Rotweinsauce zu kombinieren. Es ist aber ein Irrtum zu glauben, dass diese Sauce unbedingt mit Rotwein zubereitet werden muss. Gastronomische Puristen sagen, dass das eigentliche Rezept Weißwein aus Bordeaux enthält. Zur Steinpilzzeit im Herbst wird ein Entrecôte in Bordeaux gerne nach der einfachen, der allerältesten Fasson gebraten. Dazu kommen dann die „Cèpes à la bordelaise". Dafür werden Steinpilze in dünne Scheiben geschnitten, ganz schnell in Olivenöl oder Butterschmalz sautiert, das heißt gebraten, und zuletzt mit gehackten, leicht angezogenen Schalotten, einer Spur Knoblauch und gehackter Petersilie bestreut.

Sauerkraut nach Elsässer Art

Für 6–8 Personen

1,5 kg Sauerkraut
1 gepökelte Schweinshaxe von etwa 600 g
600 g gepökelter Schweinehals
300 g gepökelter Speck
300 g geräucherter Speck
50 g Gänseschmalz
1 große, gehackte Zwiebel
2 Knoblauchzehen
6 Wacholderbeeren
1 Lorbeerblatt
1/4 Liter Elsässer Riesling oder Edelzwicker
3 Schweinswürste

Choucroute à l'alsacienne

Das Sauerkraut etwa 10 Minuten in kaltes Wasser legen, dann herausnehmen und zwischen den Händen gut ausdrücken. Die Schweinshaxe, den Schweinehals und die beiden Specksorten in kochendes Wasser geben und etwa 1/2 Stunde darin leise ziehen lassen.

Das Gänseschmalz in einem hohen Topf erhitzen. Die Zwiebel hinzufügen und unter Rühren anziehen lassen. Den fein gehackten Knoblauch dazugeben und kurz mitdünsten. Die Hälfte des Sauerkrauts locker hinzufügen. Die Fleischstücke, gut abgetropft, darauf legen und mit dem restlichen Sauerkraut zudecken. Die Wacholderbeeren und das Lorbeerblatt beigeben und mit dem Wein und 3 bis 4 Esslöffeln Wasser begießen. Die Schweinswürste separat 20 Minuten in Wasser ziehen lassen. Mit dem Fleisch auf dem Sauerkraut anrichten und mit Salzkartoffeln servieren.

Einen Elsässer Sylvaner oder Riesling dazu reichen.

Das reich garnierte Sauerkraut ist eines der Paradepferde der elsässischen Küche. Es wird meistens wie im Rezept beschrieben garniert. Allerdings mit Würsten, die bei uns selten erhältlich sind, mit den „saucisses de Montbéliard" und kleineren „saucisses de Strasbourg" zum Beispiel. Das Sauerkraut nach Elsässer Art ist in ganz Frankreich verbreitet. Jede Brasserie, die etwas auf sich hält, serviert dieses Gericht auf ihre Art. Berühmt dafür sind zum Beispiel in Paris die Brasserien Lipp und Hansi. In Paris gibt es außerdem einen Elsässer namens Baumann, der einige Brasserien besitzt und das Sauerkraut mit Räucherfischen garniert. Der Pökel- und Rauchgeschmack bleibt damit erhalten, aber Fische sind eben viel leichter und bekömmlicher als Schweinefleisch. Außerdem schmecken diese Kombinationen erstaunlich gut. Übrigens ist diese Idee nicht neu. Auch im Elsass garniert man ab und zu das Sauerkraut mit Heringen – oder auch mit Schnecken.

Heureuse
par Hansi

Baeckeofe

Für 8 Personen

500 g Schweinefleisch (Hals oder Schulter)
500 g Lammschulter
500 g Rinderbrust

Für die Marinade:
700 ml Sylvaner
2 Zwiebeln
1 Lauchstange
2 Knoblauchzehen
1 Petersilienzweig
1 Zweig Selleriekraut
1 Lorbeerblatt

50 g Gänse- oder Schweineschmalz für die Form
1 kg Kartoffeln
2 Zwiebeln
2 Lauchstangen
150 g Karotten
1 klein geschnittenes Schweineschwänzchen
1 Schweinsfüßchen nach Belieben
2 EL gehackte gemischte Kräuter (Estragon, Basilikum, Kerbel, Petersilie)
Salz
Pfeffer

Das Fleisch in große Würfel schneiden. Für die Marinade den Wein, die fein geschnittenen Zwiebeln, den geschnittenen Lauch, den durchgepressten Knoblauch, die Petersilie, das Selleriekraut und das Lorbeerblatt mit dem Fleisch in eine Schüssel geben.
Etwa 24 Stunden zugedeckt im Kühlschrank marinieren.
Eine große ofenfeste Keramikterrine oder einen Römertopf mit dem Schmalz ausstreichen. Die Kartoffeln schälen und in etwa 2 Millimeter dicke Scheiben schneiden. Die Zwiebeln schälen und in Streifen schneiden. Den Lauch und die Karotten putzen und in Ringe schneiden.

Eine Lage Kartoffeln in die Terrine legen. Die Fleischstücke darauf geben. Das in Stücke geschnittene Schwänzchen und den zerteilten Schweinsfuß dazugeben. Mit den Zwiebeln, den Kräutern und dem Gemüse bedecken. Die restlichen Kartoffelscheiben darüber verteilen. Jede Lage mit etwas Salz und Pfeffer bestreuen und das Ganze zum Schluss mit der passierten Marinade begießen. Die Terrine mit einem Teig aus Mehl und Wasser oder mit Aluminiumfolie gut verschließen und 2 Stunden im Backofen bei 180 °C schmoren lassen. In der Form servieren. Elsässer Sylvaner oder Riesling dazu reichen.

Der „Baeckeofe" ist eine ganz typische elsässische Spezialität. Lange Zeit war er neben der reich garnierten Sauerkrautplatte ein Sonntags- und Festgericht, das aber auch zur Weinernte auf den Tisch gebracht wurde. Vielerorts allerdings wurde er am Sonntag nur vorbereitet. Die Terrine hat man dann gegen Abend zum Bäcker gebracht, um das Gericht dort am nächsten Tag im Backofen garen zu lassen, weil Montag nämlich Waschtag war. So war die Hausfrau entlastet und man hatte ein stärkendes Essen für den Wochenbeginn. Dem Bäckerofen verdankt das Gericht übrigens auch seinen Namen. Dieser „Baeckeofe" wird mit drei Fleischsorten und zusätzlich Schwänzchen und Füße vom Schwein zubereitet. Es gibt im Elsass aber auch einfachere Varianten, die nur Schweine- und eventuell Lammfleisch enthalten.

Rindfleischtopf aus der Camargue

1 Orange
4 Zwiebeln
1 Lorbeerblatt
2 Gewürznelken
2 Karotten
5 Knoblauchzehen
1 Zweig Rosmarin
1 Zweig Thymian
Pfefferkörner
Salz
1 Prise Zucker
1,5 kg Rindfleisch (verschiedene Fleischstücke vom Vorderviertel)
1 halbierter Kalbsfuß
1/2 Liter roter Côtes du Rhône
100 g geräucherter Bauchspeck
5 EL Olivenöl
3 EL Tomatensauce oder 1 Dose zerkleinerte Schältomaten

Daube des gardians
Die Orange gut waschen und sehr dünn abschälen, so dass eine Spirale entsteht. 1 Zwiebel halbieren und mit dem Lorbeerblatt und den Nelken spicken. Die anderen Zwiebeln in Schnitze schneiden. Die Karotten schälen, längs halbieren und in der Mitte durchschneiden. Alles in eine Schüssel geben. Die abgezogenen Knoblauchzehen und die Kräuter dazulegen. Die Pfefferkörner leicht zerdrücken und mit wenig Salz und Zucker hinzufügen. Das Fleisch in große Würfel schneiden und mit den übrigen Zutaten gut mischen. Den Kalbsfuß darauf legen und den Wein angießen. Mit Folie abdecken und über Nacht im Kühlschrank marinieren lassen.
Den Speck in kleine Würfel schneiden und in einem gusseisernen Topf in Olivenöl anbraten. Tomatensauce oder Schältomaten dazugeben und kurz dünsten. Das Fleisch, die Marinade und noch etwas Salz dazugeben. Aufkochen und bei sehr kleiner Flamme auf dem Herd oder im Ofen bei 150 °C zugedeckt 2 bis 3 Stunden schmoren lassen. Dann die Sauce auf dem Herd noch etwas einkochen lassen und eventuell nochmals abschmecken.
Dieses Gericht wird meistens mit Makkaroni serviert.

Die „Daube des gardians", benannt nach den hoch zu Ross sitzenden Hirten der Camargue, ist eine perfekte Komposition der besten Produkte des Südens: von Gemüsen, Knoblauch, Kräutern, Fleisch bis hin zu Olivenöl und Wein. Wichtig ist, dass die Zutaten wirklich von bester Qualität sind und das Ganze langsam geschmort wird. So können alle Komponenten ihr Aroma voll entfalten. Aufgewärmt schmeckt's dann nochmal besser.

Lammrücken mit Kräuterkruste

Für 6 Personen

je 1 EL gehackte Kräuter (Rosmarinnadeln, Basilikum, Thymian, Majoran, Bohnenkraut)
1 TL Fenchelkörner
4 EL Olivenöl
3 durchgepresste Knoblauchzehen
schwarzer Pfeffer aus der Mühle
Muskatnuss
1 Lammrücken von etwa 1,8 kg
Salz
250 g geschälte Tomaten
1 Lorbeerblatt
1 Prise Zucker
2 EL Butter
50 g geriebenes Baguette oder Paniermehl
3 EL gehackte Petersilie
2 EL Weißwein

Selle d'agneau à la provençale
Die Kräuter und die Fenchelkörner mischen. Die Hälfte davon mit dem Olivenöl, 2 durchgepressten Knoblauchzehen, 2 Umdrehungen schwarzem Pfeffer und einer Prise Muskatnuss mischen. Das Fleisch mit dieser Marinade bestreichen und mindestens 6 Stunden im Kühlschrank ziehen lassen.
Den Ofen auf 240 °C vorheizen. Den Lammrücken salzen und in eine feuerfeste Form legen. Etwa 35 Minuten braten. Sobald das Fleisch schön braun ist, mit Aluminiumfolie abdecken.
Etwa 10 Minuten vor Ende der Bratzeit 2 Esslöffel Fett aus dem Bratenfond herausnehmen und darin die klein geschnittenen Tomaten zusammen mit dem Lorbeerblatt, dem Zucker und dem restlichen Knoblauch 5 Minuten dünsten.
Die Butter erhitzen. Das Paniermehl und die Petersilie mit dem Rest der Kräutermischung beifügen. Unter Wenden 2 bis 3 Minuten anziehen lassen. Mit den Tomaten mischen. Salz und Pfeffer dazugeben und abkühlen lassen. Das Lorbeerblatt entfernen und die erkaltete Mischung über den Lammrücken verteilen. Unbedeckt bei Oberhitze 5 bis 10 Minuten leicht anbräunen lassen. Den Ofen abstellen und das Fleisch vor dem Servieren 10 Minuten darin belassen. Nachher beim Tranchieren das Fleisch am Knochen entlang zuerst senkrecht, dann waagrecht auf dem Brett in 1 cm dicke Scheiben schneiden.
Den Bratenfond mit dem Weißwein lösen und kurz aufkochen. Mit grünen Kernbohnen servieren.
Dazu passt ein Petite Syrah oder Côtes de Provence.

Der Begriff „à la provençale" hat sich auf der ganzen Welt eingebürgert, obwohl es viele Gerichte mit dieser Bezeichnung gibt, die nicht mit der typischen Kräutermischung aus dieser Gegend zubereitet werden. Vielerorts, auch im Ausland, kann man diese berühmten Herbes de Provence getrocknet in hübschen Keramiktöpfen kaufen. Die klassische Mischung besteht aus Rosmarin, Majoran, Thymian, Salbei, Fenchel, Basilikum und Bohnenkraut. Sie können sehr gut für dieses Lammgericht verwendet werden, wenn keine frischen Kräuter vorhanden sind. Man lässt manchmal das Paniermehl weg, dünstet die Kräuter und die Tomatenwürfel in feinem Olivenöl und gibt diese Mischung erst vor dem Servieren über das Fleisch. Das ist nicht ganz echt, aber leichter und farblich sehr schön.

Bohneneintopf nach Art des Languedoc

400 g weiße Bohnen
Salz
400 g Lammschulter ohne Knochen
150 g Schweinefleisch
90 g Brustspeck
30 g Gänse- oder Schweineschmalz
6 Knoblauchzehen
1 Kräutersträußchen (Lorbeer, Petersilie, Kerbel)
Pfeffer
1 gehackte Zwiebel
3 EL Olivenöl
400 g reife, geschälte Tomaten
1 Prise Zucker
4 Schweinswürstchen, wenn möglich mit Knoblauch
50 g geriebenes Brot
2 EL gehackte Petersilie

Cassoulet de Castelnaudary
Die Bohnen am Vorabend in warmes Wasser (am besten Mineralwasser) einlegen. Je nach Art der Bohnen 1 bis 1 1/2 Stunden im Einweichwasser knapp gar kochen. Erst nach 1 Stunde Kochzeit salzen.
Das Fleisch und den Speck in große Würfel schneiden und in der Hälfte des Schmalzes anziehen lassen. Die Bohnen und den durchgepressten Knoblauch hinzufügen. Mit heißem Wasser auffüllen, bis alles davon bedeckt ist. Das Kräutersträußchen beigeben und mit Salz und Pfeffer würzen. Etwa 1 Stunde bei ganz kleiner Hitze schmoren lassen.
Etwas Kochsud herausnehmen und aufheben. Inzwischen die Zwiebel im Öl leicht dünsten. Die Tomaten entkernen, klein schneiden, zu der Zwiebel geben und etwa 20 Minuten garen lassen. Mit Salz, Pfeffer und dem Zucker abschmecken und pürieren.
Die Schweinswürstchen im eigenen Fett rasch anbraten. Das Fleisch, die Bohnen und die in Räder geschnittenen Würste in einen gusseisernen oder einen Tontopf einschichten. Mit der Tomatensauce begießen. Das geriebene Brot mit der Petersilie mischen und darauf verteilen. Das restliche Schmalz erhitzen und darüber gießen. Ungefähr 30 Minuten im vorgeheizten Ofen bei etwa 200 °C überbacken. Ab und zu die Kruste einstechen und die Oberfläche mit etwas Kochsud begießen.
Dazu trinkt man einen Corbières oder einen Cabanes de Fitou.

Das „Cassoulet" ist eine Spezialität des mediterranen Languedoc. Das ganz echte Cassoulet von Castelnaudary und auch jenes von Toulouse wird aus „confit d'oie", das heißt mit im eigenen Fett eingemachtem Gänsefleisch zubereitet, das in dieser Form das ganze Jahr hindurch haltbar ist. Man isst es kalt oder warm und streicht das Fett der Konserve aufs Brot. Das „confit d'oie" ist eine der ältesten französischen Spezialitäten. Demzufolge ist auch das „Cassoulet" ein sehr traditionelles Gericht. Es verdankt seinen Namen dem „cassol", dem bauchigen Topf, der in Issel bei Castelnaudary aus der roten Tonerde der Gegend hergestellt wird. Ursprünglich wurde das „Cassoulet" mit frischen Kernbohnen zubereitet, die dann im 16. Jahrhundert durch die aus Spanien kommenden getrockneten weißen Bohnen verdrängt wurden.

Hähnchen in Rotwein

1 Masthähnchen von etwa 1,2 kg
100 g Frühstücksspeck
150 g Schalotten
1 Knoblauchzehe
20 ml Tresterbranntwein, (z.B. Marc de Bourgogne, ersatzweise Cognac)
1/2 Liter guter roter Burgunderwein
Salz
schwarzer Pfeffer aus der Mühle
1/2 TL getrockneter Thymian
40 g weiche Butter
1 EL Mehl
200 g Champignons
1 Blättchen Selleriekraut
1/2 Bund glatte Petersilie

Coq au vin de Bourgogne
Das Hähnchen unter fließendem kaltem Wasser innen und außen abspülen und mit Küchenpapier trockentupfen. Mit der Geflügelschere oder einem scharfen Fleischmesser in Portionsstücke teilen.
Den Speck würfeln, Schalotten und Knoblauch schälen und fein würfeln. In einem Bräter den Speck bei guter Mittelhitze auslassen und die Hähnchenteile darin anbraten, Schalotten und Knoblauch mitbraten, bis sie sich hellbraun färben. Alles mit dem Tresterbranntwein ablöschen.
So viel Rotwein dazugießen, dass das Fleisch knapp bedeckt ist. Das Hähnchen mit wenig Salz, Pfeffer und Thymian würzen und 50 bis 60 Minuten schmoren.
Die Hälfte der Butter mit dem Mehl vermengen, unter das Gericht rühren und dieses 5 Minuten sanft weiterkochen lassen. Die Champignons mit Küchenpapier oder kurz unter fließendem Wasser säubern und blättrig schneiden. Selleriekraut und Petersilie abspülen und die Blättchen hacken. Die restliche Butter in der Pfanne erhitzen, Champignons, Selleriekraut und Petersilie unter Wenden 3 Minuten dünsten und zu den Hähnchenteilen geben. Mit Salz und Pfeffer abschmecken.
Zu dem Gericht reicht man einfach Weißbrot oder in Butter geschwenkte Bandnudeln und trinkt dazu natürlich den gleichen Burgunder, in dem das Hähnchen gegart wurde.

Typisch ist für Burgund, wie auch für die anderen großen Weinregionen Frankreichs, edle Tropfen nicht nur aus dem Glas zu genießen, sondern damit auch feinwürzige Gerichte zu kochen, wie etwa den „Coq au vin". Geflügelgerichte sind in der französischen Küche überhaupt sehr beliebt. Dabei verwendet jede Region zum Würzen ihre typischen Produkte, das Elsass seinen Riesling, die Normandie ihren Calvados und die Provence außer ihrem Wein duftende Kräuter sowie Knoblauch und Tomaten.

Hähnchen gefüllt mit Feigen

100 g roter Reis aus der Camargue oder Naturreis
1 gehackte Zwiebel
4 EL Butter
1 Brathähnchen oder 1 Poularde von 1,2 kg mit Leber und Herz
100 ml Rotwein
400 ml Geflügelbrühe
Salz
Pfeffer
1/2 EL Honig
5 dunkle Feigen
Cayennepfeffer
4 EL kaltgepresstes Olivenöl

Poulet farci aux figues noires
Den Reis abspülen, bis das Wasser nicht mehr trüb ist. Die Zwiebel in 3 Esslöffel Butter bei kleiner Hitze weich dünsten. Leber und Herz putzen und klein schneiden, zu der Zwiebel geben und knapp gar dünsten. Den Reis dazugeben und alles weiterdünsten, bis die Reiskörner glasig werden.
Zuerst den Rotwein, dann die Geflügelbrühe angießen und den Reis eine gute Stunde auf kleiner Flamme knapp gar ziehen lassen (Naturreis nur gut 30 Minuten und polierten Reis rund 20 Minuten). Mit Salz, Pfeffer und Honig abschmecken.
3 Feigen in je 8 Schnitze schneiden. Diese in der restlichen Butter rasch anbraten und unter den Reis mischen. Mit Salz, Pfeffer und Cayennepfeffer abschmecken.

Hähnchen oder Poularde innen und außen mit Salz und Pfeffer einreiben. Mit der Reismasse füllen und mit Küchenfaden zunähen. Mit etwas Cayennepfeffer überstäuben und mit Olivenöl bestreichen. Im vorgeheizten Backofen bei 220 °C gut eine Stunde schmoren. Aus dem Ofen nehmen, etwas ruhen lassen und tranchieren.
Die restlichen Feigen halbieren, mit der Schnittfläche nach unten in etwas Butter erhitzen und das Gericht damit garnieren.

Feigen sind eine besondere Delikatesse des Südens. Sie wachsen oft wild, sind aber auch in den Hausgärten gern gesehen. Direkt vom Baum schmecken sie genauso gut wie in Konfitüren und Kompotts oder – wie hier – als Bestandteil von Fleisch- oder Fischgerichten. Besonders typisch wird dieses Gericht übrigens, wenn man dazu den roten Vollreis aus der Camargue verwendet.

Kaninchen mit Sardellen

1 ganzes Kaninchen von etwa 1,2 kg
12 Sardellenfilets
200 g Magerspeck
24 Perlzwiebeln
200 ml Weißwein
6 große, geschälte, entkernte und klein geschnittene Tomaten
1 EL Petersilie
1 EL Kerbel
1 TL schwarzer Pfeffer

Lapin à l'anchoïade

Das Kaninchen vom Metzger entbeinen lassen, ohne dass es auseinander fällt. Die Sardellen fein hacken. Das Kaninchen innen und außen mit 2/3 dieser Paste bestreichen. Dann das Fleisch parallel zum Rückgrat einrollen und mit Küchengarn verschnüren.

Den Speck in kleine Würfel schneiden und glasig braten. Sobald genügend Fett ausgetreten ist, den Speck herausnehmen und die Kaninchenrolle im Speckfett auf allen Seiten anbraten. Die Perlzwiebeln und die Speckwürfelchen dazugeben, kurz braten und mit dem Weißwein ablöschen. Den Wein auf die Hälfte reduzieren, die Tomaten dazugeben und das Kaninchen halb zugedeckt 30 bis 35 Minuten schmoren lassen. Dabei öfters wenden. Zum Schluss die restlichen Sardellen dazugeben und das Gericht mit den Kräutern und viel schwarzem Pfeffer bestreuen.

Dieses Gericht verdankt seinen Namen dem „anchouiado", einer pikanten Sardellenpaste, die man gerne aufs Brot streicht oder zu Grillfleisch serviert. Dieser Name wiederum kommt von „anchois", der französischen Bezeichnung für Sardellen. In Salzlake eingelegte Sardellen sollten vor der Verwendung in Wasser gelegt werden, damit sie das Gericht nicht versalzen.

Kutteln in Tomatensauce

6 Karotten
4 Stangen Staudensellerie
1 kg vorgekochte Kutteln am Stück oder in Streifen geschnitten
2 EL Olivenöl
3 klein gehackte Zwiebeln
5 geschälte, entkernte, klein geschnittene Tomaten
1 Kalbsfuß
1 EL Tomatenpüree
3 Knoblauchzehen
2 TL Kräuter der Provence
1 Lorbeerblatt
Salz
Pfeffer
1/4 Liter Rotwein
100 ml Fleischbrühe
2 EL Marc oder anderer Tresterschnaps
2 EL gehackte Petersilie
3 EL geriebenes Weißbrot
20 g Butterflocken

Tripes à la niçoise
Die Karotten schälen und in Scheiben, Sellerie schälen und in 1 cm lange Stücke schneiden. Die Kutteln in 3x3 cm große Quadrate schneiden.
Das Olivenöl in einem gusseisernen Bräter erhitzen und die Zwiebeln darin anbraten. Tomaten, Karotten und Sellerie dazugeben und dünsten, bis ein Mus entsteht. Die Kutteln, den Kalbsfuß, das Tomatenpüree, 2 ungeschälte Knoblauchzehen, 1 Teelöffel Provencekräuter, das Lorbeerblatt, Salz und Pfeffer beigeben und 1 bis 2 Minuten mitdünsten. Mit Rotwein ablöschen, aufkochen, die Bouillon angießen und das Ganze bei 180 °C 1 1/2 Stunden zugedeckt im Ofen schmoren. Mit Salz und Pfeffer abschmecken und mit Marc verfeinern. Die Knoblauchzehen entfernen und die Kutteln in eine Tonform geben. Den Kalbsfuß entbeinen, das Fleisch klein schneiden und unter die Kutteln mischen. Das Gericht mit den restlichen Kräutern und der letzten durchgepressten Knoblauchzehe mischen. Mit geriebenem Brot und Butterflocken bestreuen und 5 bis 10 Minuten im Backofen bei Oberhitze leicht gratinieren.
Baguette oder Salzkartoffeln dazu reichen.

Dieses Kuttelgericht eignet sich bestens zum Vorbereiten. Die Kutteln zuerst mit allen Zutaten garen. Kurz vor dem Servieren werden sie dann nochmal erhitzt, mit geriebenem Brot und Butterflöckchen, mit Käse oder einer Kräutermischung bestreut und kurz überbacken.

Leberküchlein mit Oliven

Für 6-8 Küchlein

2 große Schweinsnetze (beim Metzger bestellen)
450 g Schweinsleber, geputzt und gehäutet
200 g Magerspeck
80 g schwarze Oliven
1 große Zwiebel
1 Knoblauchzehe
50 g frischer Spinat
2 EL gehackte Petersilie
Salz
Pfeffer
Muskat
Mehl zum Wenden
Olivenöl zum Braten
1/8 Liter Weißwein

Crépinettes de foie de porc

Die Schweinsnetze in kaltes Wasser einlegen. Die Leber in Stücke schneiden, den Speck würfeln, beides 30 Minuten kühl stellen, dann separat durch den Fleischwolf drehen.

Die Oliven entsteinen, trockentupfen und hacken. Zwiebel und Knoblauch abziehen, den Spinat kurz blanchieren und ausdrücken und alles fein hacken. Den Speck unter die Leber ziehen, dann die Oliven, Zwiebel, Knoblauch und den Spinat. Die Masse mit Salz, Pfeffer und Muskat abschmecken und in den Kühlschrank stellen. Die Schweinsnetze auslegen, trockentupfen und dann in 6 bis 8 etwa 15 Zentimeter große Vierecke schneiden.

Die Masse auf die Vierecke geben, einpacken (dabei darauf achten, dass sich die Enden gut überlappen), zu runden Hacksteaks formen und in Mehl wenden, dann werden sie etwas brauner.

Olivenöl in einer großen Pfanne erhitzen, die Leberküchlein auf beiden Seiten etwa 4 Minuten braten und aus der Pfanne nehmen. Den Bratfond mit dem Weißwein lösen, die Sauce stark einkochen und die Küchlein damit beträufeln.

Dazu passen Knoblauchkartoffeln oder Ratatouille sehr gut.

Diese Küchlein verdanken ihren Namen der „crépine", dem Schweinsnetz, einer mit Fettadern durchzogenen Membran, die den Schweinemagen umhüllt und auch in der Küche gute Dienste leistet.

Kartoffelgratin nach Art der Dauphiné

750 g mehlig kochende Kartoffeln
1 Knoblauchzehe
50 g Butter
etwa 300 ml Milch (so viel, dass die Kartoffeln davon bedeckt sind)
Salz
Pfeffer
Muskatnuss
300–350 ml süße Sahne

Gratin dauphinois

Die Kartoffeln schälen und unter fließendem Wasser rasch waschen, nicht ins Wasser legen! Die Kartoffeln in sehr dünne Scheiben schneiden. Eine flache Gratinform mit der angeschnittenen Knoblauchzehe ausreiben und mit einem Teil der Butter großzügig ausbuttern.

Die Kartoffeln hineingeben, jedoch nicht mehr als 3 bis 4 Zentimeter hoch, und mit der Milch bedecken. Mit Salz, Pfeffer und Muskatnuss bestreuen.

Auf dem Herd oder im Ofen zum Kochen bringen. Die Hälfte der Sahne hinzufügen, gut durchrühren und die Kartoffeln mit der restlichen, in Flocken geschnittenen Butter bestreuen. Das Gratin 1 1/2 bis 2 Stunden im vorgeheizten Backofen bei 150 °C backen. Während dieser Zeit nach und nach die restliche Sahne hinzufügen und das Gratin von Zeit zu Zeit leicht aufrühren, damit sich keine harte Kruste bildet.

Etwa 10 Minuten vor Ende der Backzeit die Temperatur auf 200 °C erhöhen, damit das Gratin etwas Farbe annimmt.

Passt zu gebratenem oder gegrilltem Fleisch, keinesfalls aber zu Saucengerichten, wie man es oft sieht. Gegen Fleisch mit einem klaren Bratensaft ist nichts einzuwenden.

Nicht jedes beliebige Kartoffelgratin ist ein „Gratin dauphinois". Dieses echte Familienrezept kann man nochmals verbessern, wenn man die Form nicht nur mit Knoblauch ausreibt, sondern zusätzlich noch mit einem angeschnittenen „navet", einer kleinen weißen Rübe. Das gibt dem Gratin einen einmaligen Geschmack.

Geschmorter Chicorée

1 kg Chicorée
60 g in Flocken geschnittene Butter
Salz
weißer Pfeffer
1 TL Zucker
1 EL Butter zum Einfetten

Endives braisées
Den Chicorée putzen, waschen und gut abtropfen lassen. Die Kolbenunterseite mit einem kleinen, spitzen Messer ringsum 1 Zentimeter einschneiden und ein kegelförmiges Stück des festen Teils herausschneiden. Die Kolben je nach Größe halbieren und lagenweise mit den Butterflocken in eine gut schließende Kasserolle geben, dabei jede Lage mit Salz, Pfeffer und einer Prise Zucker bestreuen.
Ein Stück Pergamentpapier so zurechtschneiden, dass es den Rand der Kasserolle um 4 cm überragt. Mit 1 Esslöffel Butter bestreichen und mit der gebutterten Seite nach unten auf den Chicorée legen. Seitlich gut andrücken, damit der Chicorée luftdicht abgeschlossen wird. Die Kasserolle zudecken, 5 Minuten auf mittlerer Hitze und dann auf kleinster Flamme etwa 1 Stunde schmoren lassen.
Auf einer vorgewärmten Platte anrichten, dabei darauf achten, dass der Chicorée nicht zerfällt, und die Schmorflüssigkeit darüber verteilen.

Dieses kolbenförmige Wintergemüse mit den langen, weißgelben Blättern, in Frankreich „endives" und in Belgien „witloof" genannt, stammt ursprünglich aus der Nähe von Brüssel. Ein Bauer entdeckte, dass Zichorienwurzeln, die er achtlos in den Keller geworfen hatte, gekeimt und lange, schmale, bleiche Blätter gebildet hatten. Er fand sie essbar und begann sie zu kultivieren. Ein Botaniker namens Brézier verbesserte sie und das Gemüse wurde zu dem, was es heute ist. Diese „endives" tauchten erstmals im Oktober 1879 in den Pariser Markthallen auf, wo sie mit Erfolg verkauft wurden. Um die große Nachfrage zu befriedigen, wurden sie auch im Norden Frankreichs, in den Provinzen Flandern und Artois, angebaut, wo man sie nicht nur für Salat verwendet, sondern vor allem braisiert, das heißt mit wenig Flüssigkeit langsam garen läßt.

Zucchinipuffer Ratatouille

ZUCCHINIPUFFER
4 kleine Zucchini
Salz, 2 Eier
2 Knoblauchzehen
1 Bund glatte Petersilie
4 EL Mehl
1 gestrichener TL Backpulver
100 g geriebener Gruyère
Sonnenblumen- oder Maiskeimöl zum Ausbacken

RATATOUILLE
200 g Schalotten
2 mittelgroße Auberginen
Saft von 1/2 Zitrone
3 große Fleischtomaten
3 Zucchini
3 rote oder grüne Paprikaschoten
2 Knoblauchzehen
8 EL kaltgepresstes Olivenöl
1 Kräutersträußchen aus Thymian, Salbei und Rosmarin
Salz
schwarzer Pfeffer aus der Mühle

ZUCCHINIPUFFER

Beignet de courgettes

Die Zucchini abspülen, Stiele und Blütenansätze abschneiden und grob in eine Schüssel raffeln. Einen Teelöffel Salz unterrühren und das Gemüse 5 Minuten Wasser ziehen lassen. Im Sieb ausdrücken und zurück in die Schüssel geben. Die Eier hinzufügen. Knoblauch abziehen und durch die Presse drücken. Die Petersilie abspülen, die Blättchen fein hacken und ebenfalls hinzufügen. Alles verrühren. Mehl und Backpulver vermischen, über den Gemüsebrei sieben, geriebenen Käse überstreuen und nochmal alles gründlich verrühren.

In einer Pfanne Öl erhitzen und mit einem Esslöffel kleine Teighäufchen in die Pfanne setzen, flach drücken und von beiden Seiten goldgelb backen. Auf Küchenpapier entfetten und sofort servieren.

RATATOUILLE

Die Schalotten schälen. Die Auberginen abspülen, Stiele und Stielansätze abschneiden, in mittelgroße Würfel schneiden und diese in kaltes Wasser mit Zitronensaft legen. Die Tomaten mit kochendem Wasser überbrühen, die Haut abziehen, die Früchte vierteln, Stielansätze herausschneiden und die Viertel noch einmal durchschneiden. Die Zucchini abspülen, Stiele und Blütenansätze abschneiden und in Scheiben schneiden. Die Paprikaschoten halbieren, Stiele und Kerngehäuse herausschneiden. Die Schoten ausspülen und in Streifen schneiden. Die Knoblauchzehen abziehen.

In einem Schmortopf 3 Esslöffel Olivenöl erhitzen und die Schalotten darin glasig anbraten. Den Topf vom Herd nehmen. Auberginen im Sieb abtropfen lassen und auf die Schalotten geben. Dann die Tomaten- und Zucchiniwürfel sowie die Paprikastreifen darauf schichten und alles mit dem übrigen Olivenöl beträufeln. Den Knoblauch dazupressen, das Kräutersträußchen zwischen das Gemüse betten und alles mit Salz und Pfeffer bestreuen. Zudecken und bei schwacher Hitze eine Stunde schmoren. Nicht umrühren, höchstens leicht rütteln. Das Kräutersträußchen herausnehmen und das Ratatouille heiß oder kalt servieren.

Tomaten nach provenzalischer Art

4 große Tomaten
Salz
3 EL Olivenöl
3 Knoblauchzehen
3 EL gehackte Petersilie
1 TL Puderzucker
Pfeffer aus der Mühle
2 EL geriebenes Brot nach Belieben

Tomates à la provençale
Die Tomaten quer halbieren, mit Salz bestreuen und 10 bis 15 Minuten stehen lassen. Dann mit der Schnittfläche nach unten in ein Sieb legen, damit die Flüssigkeit abtropfen kann.
2 Esslöffel Olivenöl erhitzen. Die Tomaten wiederum mit der Schnittfläche nach unten hineingeben und bei guter Hitze leicht anbraten. Danach die Tomatenhälften in eine mit Öl ausgestrichene Gratinform setzen. Den Knoblauch fein hacken, mit der Petersilie und dem Puderzucker mischen, 2 bis 3 Minuten in die Bratpfanne geben, in der noch etwas Öl von den Tomaten zurückgeblieben sein sollte, und leicht andünsten. Diese Mischung über die Tomaten verteilen. Mit Pfeffer bestreuen und nach Belieben geriebenes Brot darüber geben. Mit wenig Öl beträufeln und bei Oberhitze im 220 °C heißen Ofen überbacken, bis die Tomaten leicht Farbe annehmen und etwas zusammenfallen.

Es gibt für dieses Gericht mehrere Variationen: In Monaco gibt man gehackte Sardellen und etwas Thymian zur Tomatenfüllung, in Antibes dagegen werden Sardellen und Thunfisch fein gehackt und mit Kräutern und wenig Fenchelkraut unter das geriebene Brot gemischt.

Es sind schon einige Kenntnisse nötig, um den richtigen Reifegrad von Tomaten zu erkennen. In der Provence sagt man, dass zu reife Tomaten sauer schmecken und viele Gerichte deshalb verderben könnten. Sie sollen zwar sehr schön rot, aber noch fest sein. In Südfrankreich nennt man sie übrigens auch „pommes d'amour", also Liebesäpfel.

Pariser Brioche

Für 6 bis 8 kleine Briocheformen

30 g Hefe
100 ml lauwarme Milch
1 TL Zucker
250 g Mehl
2 Eier
150 g gesalzene Butter
Butter für die Formen
1 Eigelb

Brioche parisienne
Die Hefe zerbröckeln und mit wenig Milch und dem Zucker verrühren. Das Mehl in eine große vorgewärmte Schüssel sieben, in die Mitte eine Mulde drücken und die aufgelöste Hefe hineingeben. Die restliche Milch mit den Eiern verquirlen und beifügen. Alles zu einem festen Teig kneten. Mehrmals zusammenfalten, platt drücken und auf den Tisch schlagen. Zu einer Kugel formen, mit einem Tuch bedecken und an einem warmen Ort gehen lassen. Die weiche Butter hinzufügen. Den Teig nochmals platt drücken und zusammenfalten, bis die ganze Butter aufgenommen ist. Den Teig im Abstand von 15 Minuten dreimal auseinanderziehen, zusammenfalten und schlagen. Kühl stellen und vor dem Backen nochmals in gleicher Weise bearbeiten.
Etwa Dreiviertel des Teigs zu 6 bis 8 Kugeln formen und in die gebutterten Briocheformen legen. In der Mitte etwas eindrücken und aus dem restlichen Teig je ein Köpfchen einsetzen. Den Teig ringsum mit einer Schere 4 bis 5 Mal einschneiden, ohne die Köpfchen zu berühren.
Bis 1 cm unter den Rand der Form aufgehen lassen, mit dem verquirlten Eigelb bestreichen und im vorgeheizten Backofen bei 180 °C 25 bis 30 Minuten backen.

Neben den Croissants ist die Brioche das beliebteste Frühstücksgebäck zum Café au lait. Dieser Briocheteig ist gesalzen, auch in dieser Variante findet er sehr oft Verwendung. Zum Beispiel in der Gegend von Lyon, wo man gerne eine Wurst damit umhüllt und backt. Dasselbe wird in den Gebieten, wo es Gänseleber gibt, mit dieser Delikatesse gemacht, und manch einer wundert sich, wie diese Zutat in den Teig kommt. Dann gibt es Brioches, die in einer Kastenform gebacken und in Scheiben geschnitten zu vielen Vorspeisen oder Desserts gereicht werden. Brioches sollten immer frisch auf den Tisch kommen. Eventuell tiefkühlen und aufbacken! Eine Riesenbrioche sieht gefüllt besonders gut aus. Kleine, noch lauwarme Portionsbrioches sind zum Frühstück eine Attraktion.

Gefüllter Brandteigring

Für eine Springform von 24 cm Durchmesser

Für den Teig:
45 g Butter
1/2 TL abgeriebene Schale einer unbehandelten Orange
15 g Zucker
1 Prise Salz
145 g Mehl
3 Eier
Butter für die Form
50 g Mandelblättchen zum Bestreuen

Für die Füllung:
110 ml süße Sahne
110 g Sahne-Frischkäse
50 g Zucker
300 g Himbeeren
1 EL Grand Marnier
1 EL Puderzucker

„Paris-Brest"
Für den Teig Butter, Orangenschale, Zucker und Salz in 220 ml Wasser aufkochen. Die Pfanne vom Feuer ziehen und das gesiebte Mehl auf einmal dazugeben. Mit einer Holzkelle rühren, wieder auf die Platte stellen und auf kleinem Feuer so lange weiterrühren, bis sich der Teig von den Wänden und dem Boden löst (etwa 3 Minuten).
Die Pfanne wieder vom Herd nehmen und 2 Eier, eines nach dem anderen, tüchtig unter den Teig arbeiten.
Den Boden der Springform (am besten mit Teflonbelag, damit das Gebäck nicht klebt) mit der Butter bestreichen. Auf ein rundes oder rechteckiges Kuchenblech stellen. Den Teig in einen Spritzsack ohne Tülle füllen und einen etwa 4 cm breiten Rand auf den Springformboden spritzen. Etwa 5 Minuten kühl stellen. Das letzte Ei trennen, den Teigring mit verquirltem Eigelb bestreichen und mit den Mandelblättchen bestreuen. Dann im vorgeheizten Backofen bei 180 °C 35 Minuten backen. Etwa 2 bis 3 Minuten abkühlen lassen. Das Gebäck vom Blech lösen und auf ein Gitter stellen.
Für die Füllung die Sahne steif schlagen, mit dem Frischkäse und dem Zucker mischen. Die Himbeeren und den Grand Marnier darunter ziehen.
Den Ring nach dem Erkalten quer durchschneiden. Mit den Himbeeren füllen, mit dem Puderzucker überstäuben und auf ein rundes Tortenpapier legen. Nach Belieben Himbeersaft dazu servieren.

Dass ein Gebäck den Namen eines Radrennens trägt, ist wohl einmalig. Ein Konditor in der Pariser Bannmeile kam im Jahr 1891, als er die Radrennfahrer an seinem Geschäft vorbeiflitzen sah, auf die Idee, aus dem Teig seiner „éclairs" ein Gebäck in Form eines Rades zu gestalten. Er taufte die neu kreierte Spezialität nach der Etappe „Paris-Brest". Später entstand eine Variante mit Namen „Paris-Nice", ohne Mandeln und gefüllt mit „crème Chiboust", einer Vanillecreme, die man noch heiß mit Eischnee aufschlägt.
Nach dem klassischen Rezept wird der Ring mit Pralinenbuttercreme gefüllt, die zuvor mit einer Meringuemasse gemischt wurde. Diese Füllung hier ist etwas leichter.

Feigentörtchen aus dem Schloss Montcaud

Für 4 Törtchen von 12 cm Durchmesser

Für die Zimteiscreme:
3 Eigelb
50 g Puderzucker
250 ml Milch
1 Vanilleschote
1 TL gemahlener Zimt

Für die Törtchen:
150 g Blätterteig
2 EL geschälte, gemahlene Mandeln
10 frische schwarze Provencefeigen
50 g Zucker
40 g in Flocken geschnittene Butter
12 Eisenkraut- oder Minzblättchen

Tarte de figues du Jardin de Montcaud
Für die Zimteiscreme die Eigelbe mit dem Puderzucker zu einer weißlichen Creme schlagen. Die Milch mit der aufgeschlitzten Vanilleschote erhitzen und mitsamt der Vanille unter Rühren zu den Eigelben geben. Den Topf putzen und gut ausspülen. Die Creme hineingeben und langsam, ohne sie kochen zu lassen, sämig schlagen. Den Zimt dazugeben, alles in ein passendes Gefäß gießen und tiefkühlen. Ab und zu umrühren, damit sich keine Kristalle bilden.
Für die Törtchen den Blätterteig etwa 1 bis 2 Millimeter dick ausrollen. 4 runde Stücke von etwa 12 Zentimeter Durchmesser ausstechen und auf ein mit kaltem Wasser abgespültes Blech legen. Die Teigböden, damit sie nicht aufweichen, mit den Mandeln bestreuen. 2 Feigen für den Guss beiseite legen. Die restlichen Feigen in dünne Scheiben schneiden und fächerförmig auf den runden Teigstücken anordnen. Mit etwa 30 Gramm Zucker bestreuen und jedes Törtchen mit Butterflocken belegen. Im vorgeheizten Backofen sofort bei 220 °C etwa 20 Minuten backen.
Inzwischen die 2 zurückbehaltenen Feigen mit einer Gabel zerdrücken. Etwa 5 Minuten mit etwas Wasser und dem restlichen Zucker weich kochen, dann durch ein feines Sieb passieren oder im Mixer pürieren. Die Törtchen unmittelbar vor dem Servieren mit dem Sirup bestreichen und nochmals 2 bis 3 Minuten überbacken.
4 Eisenkrautblätter sehr fein hacken und darüber streuen. Mit den restlichen Blättern garnieren. Genießen Sie dazu einen Muskatwein von Banyuls oder Beaumes-de-Venise.

Wer in Frankreich besonders gut essen will, braucht Geheimtipps. Die beste Empfehlung ist die Mund-zu-Mund-Werbung. So können Sie auf dem Weg nach Nîmes ein Paradies entdecken: das Château de Montcaud, ein herrliches restauriertes Schloss mit wunderschönen Gästezimmern und, was nicht selbstverständlich ist, einem ausgezeichneten Restaurant, wo die Küche der Gegend besonders gepflegt wird. Es ist eine Freude zu erleben, was alles aus den Produkten der benachbarten Bauern und aus dem Garten des Schlosses entstehen kann, wenn man wirklich mit Liebe kocht.

Tarte Tatin

Für den Teig:
200 g Magerquark
200 g weiche Butter
1 Eigelb
200 g Mehl
1/2 TL Backpulver
1 Prise Salz

Für den Belag:
750 g mürbe Äpfel
30 g Butter
100 g Zucker
1 Msp. Zimt

Weil der Quark für diesen Teig trocken sein muss, lässt man ihn am besten einige Stunden auf einem feinen Haarsieb abtropfen.
Den Quark mit der Butter und dem Eigelb verrühren. Mehl, Backpulver und Salz darüber sieben und alles zu einem glatten Teig verkneten. Zügig arbeiten, damit er nicht warm wird. Den Teig zu einer Kugel formen, in Frischhaltefolie einpacken und am besten über Nacht in den Kühlschrank legen.
Die Äpfel schälen, vom Kernhaus befreien und in feine Spalten schneiden.
Den Teig etwa 1/2 cm dick auf die Größe einer Stielpfanne mit hitzebeständigem Griff ausrollen. In dieser Stielpfanne die Butter bei milder Hitze schmelzen. Den Zucker gleichmäßig darin verteilen und Zimt darüber streuen. Die Mischung rühren, bis der Zucker schmilzt und anfängt zu bräunen, dann vom Herd nehmen. Den Pfannenboden wie einen Kuchen mit den Apfelspalten belegen, die Pfanne wieder auf den Herd stellen und die Äpfel etwa 5 Minuten dünsten. Den Backofen auf 200 °C vorheizen.
Die vorbereitete Teigplatte auf die Äpfel legen, leicht andrücken und einige Male mit einer Gabel einstechen. Die Pfanne auf ein Gitter in der oberern Schiebeleiste des Backofens stellen und 25 bis 30 Minuten backen.
Den Kuchen herausnehmen, 2 Minuten ruhen lassen und blitzschnell auf eine Platte stürzen, so dass die Äpfel oben liegen. Sofort auf vorgewärmten Tellern servieren.

Zwei ältere Fräuleins, die Demoiselles Tatin aus Lamotte-Beuvron im Orléanais, bereiteten eines Tages zu Ehren eines Besuchers einen Apfelkuchen zu. Als das eine Fräulein die Tarte aus dem Ofen nehmen wollte, sprang ihr die Katze auf den Arm und der Kuchen landete mit den Äpfeln nach unten auf dem Küchenboden. Geistesgegewärtig raffte sie das verunglückte Dessert zusammen, legte es, wie es war, zurück in die Kuchenform und schob es nochmals in den Ofen. So bildete sich am Boden der Form eine Karamellschicht, die eben das Besondere an diesem Kuchen ist. Und wenn auch alles nicht wahr ist, so ist es doch schön erfunden.

Gugelhupf

25 g Bierhefe
1/4 Liter Milch
200 g Butter
100 g Zucker
1 TL Salz
500 g Mehl
2 Eier
1 EL Rum
50 g Rosinen
50 g ganze ungeschälte Mandeln zum Garnieren

Die Hefe in der Hälfte der lauwarmen Milch auflösen und etwas stehen lassen. Butter, Zucker und Salz in die restliche Milch geben. Das Mehl in eine irdene Schüssel sieben und in die Mitte eine Mulde drücken.

Die Butter-Zucker-Milch-Mischung darin mit den Eiern verrühren. Den Teig von Hand gründlich durchkneten. Wenn er sich gut von der Hand löst, wird die Bierhefe eingearbeitet. Den Teig nochmals durchkneten, klopfen und in der Schüssel, mit einem Tuch bedeckt, an einem warmen Ort gehen lassen.

Sobald der Teig auf ungefähr das Doppelte aufgegangen ist, wird er noch einmal geklopft. Dabei die in Rum eingelegten Rosinen beimischen.

Eine Gugelhupfform gut ausbuttern, mit Mandeln auslegen, den Teig langsam hineingleiten und nochmal gehen lassen, bis er den Rand leicht übersteigt. Dann im vorgeheizten Backofen bei 180 °C gut 45 Minuten backen. Falls er zu dunkel wird, die Oberfläche des Kuchens mit Alufolie abdecken.

Der Name des berühmten elsässischen Kuchens wird auf vielerlei Weise geschrieben. Von alters her Teil des Sonntagsfrühstücks, wird der Gugelhupf heute auch zum Nachtisch angeboten oder gar in den Rang eines Geschmacksneutralisators erhoben, wenn bei Empfängen Weißwein gereicht wird.

Pfirsich-Auflauf

Für eine Form von etwa 28 cm Durchmesser

750 g Pfirsiche
400 ml Milch
1/2 Vanilleschote
3 Eier
100 g Zucker
1 Prise Salz
4 EL Mehl
1 EL Pfirsich- oder Aprikosenlikör
Butter für die Form
Puderzucker zum Bestreuen

Clafouti aux pêches
Die Pfirsiche kurz in kochend heißes Wasser tauchen, häuten, die Steine entfernen und in Schnitze schneiden, den dabei austretenden Saft auffangen. Die Milch mit der aufgeschlitzten Vanilleschote aufkochen und beiseite stellen. Eier, Zucker und Salz zu einer sämigen Creme schlagen. Den aufgefangenen Pfirsichsaft dazugeben. Das Mehl nach und nach dazusieben und untermischen. Das Mark aus der Vanilleschote kratzen und zusammen mit der etwas abgekühlten Milch und dem Likör unterrühren. Den Teig 1 Stunde ruhen lassen.
Die Form sehr gut ausbuttern. Die Pfirsichschnitze hineingeben und die Eiercreme darauf gießen, dabei darauf achten, dass die Früchte gleichmäßig verteilt sind. Auf der mittleren Schiene des auf 200 °C vorgeheizten Backofens 25 bis 30 Minuten backen.
Mit Puderzucker bestreuen und lauwarm oder kalt servieren.

Dieses delikate Dessert ist in Arles zu Hause. Je nach Saison werden dafür Pfirsiche, Cavaillon-Melonen, Aprikosen oder Äpfel und Birnen verwendet. Die Hälfte des Mehls kann durch geschälte, geriebene Mandeln ersetzt werden, das passt vor allem zu Pfirsichen und Aprikosen. Lauwarm serviert schmeckt das Dessert am besten.

Crêpes mit Birnenschnitzen

Für den Crêpes-Teig:
7 EL Mehl
1 Prise Salz
schwarzer Pfeffer aus der Mühle
1 Prise feiner Zucker
1 Ei
2 EL Sauternes
1 1/2 EL Öl
120–180 ml Milch

Für die karamellisierten Birnen:
3 reife Birnen
1 EL Zitronensaft
4 EL Sauternes oder halbtrockener Sherry
3 EL Honig
15 g Butter
Öl zum Ausbacken
schwarzer Pfeffer aus der Mühle

Crêpes avec des poires au caramel
Alle Zutaten für den Teig außer der Milch in eine Schüssel geben und mit dem Schneebesen verrühren.
In dünnem Strahl Milch dazugeben, bis der Teig dickflüssig ist. Abdecken und mindestens 2 Stunden zum Ausquellen kühl stellen.
Inzwischen die Birnen schälen, vom Kerngehäuse befreien und in Schnitze teilen. Mit Zitronensaft beträufeln und eine Weile ziehen lassen.
Eine Crêpes-Pfanne langsam erhitzen, 1/2 Teelöffel Öl hineingeben und mit einem Pinsel gleichmäßig verteilen. Aus jeweils 2 bis 3 Esslöffeln Teig sehr dünne Crêpes backen. Beim Einfüllen die Pfanne gleich in alle Richtungen neigen, damit sich der Teig schön verteilt. Die Crêpes sollen wirklich hauchdünn sein. Nach knapp 1/2 Minute mit einer Palette oder durch In-die-Luft-Werfen wenden. Die fertigen Crêpes zweimal falten, so dass ein Dreieck entsteht. Auf Portionstellern anrichten und warm stellen.

Inzwischen Sauternes und Honig in einer Pfanne langsam zum Köcheln bringen und 2 Minuten einkochen lassen. Butter und Birnenschnitze hinzufügen und etwa 3 Minuten garen. Die Birnen sollen gerade weich und mit Sirup überzogen sein. Die karamellisierten Birnenschnitze zu den Crêpes auf die Teller geben, einen Hauch schwarzen Pfeffer darüber mahlen und sofort servieren.

FRANCE
HAUT-SAUTERNES
Château Barbier
APPELLATION HAUT-SAUTERNES
Entrepôts Agricoles
Girondins · Sainte-Foy-La-Grande
PISTORIUS PÈRE & FILS, BLIESKASTEL

Register nach Gruppen

Soweit in den Rezepten nichts anderes vermerkt ist, sind die Zutaten für vier Personen berechnet.

Register alphabetisch

Bildquellen
Impressum

Regina Dietrich 6 u., 14
www.sigloch-edition-bildarchiv.com
Sigloch Edition/Bildarchiv: Achim Sperber 2, 4, 6 o., 7, 9, 10, 11 beide, 12, 13, 15, 16, 17, 20, 21, 24, 32, 36, 42, 64, 66, 70, 78, 88, 92;
Hans Joachim Döbbelin alle Rezeptfotos auf den ungeraden Seitenzahlen von 19–93

Einleitung und redaktionelle Bearbeitung:
Regina Dietrich

Internet: www.sigloch.de
 Printed in Germany
Reproduktion: Otterbach Digital World, Rastatt
Satz: Sigloch Edition, Blaufelden
Druck: Druckerei W. Kohlhammer, Stuttgart
Papier: 135 g/m² nopaCoat matt der Nordland Papier AG, Dörpen
Bindearbeiten: Sigloch Buchbinderei, Blaufelden
ISBN 3-89393-198-8